세상아 내가 여기 있다 **나를 써라**

우리는 삶이란 무대에 초대되었다

용혜원 시인의 **희망 메시지**

세상아 내가 여기 있다

나를 써라

용
혜
원
지음

들어가며

우리는 삶이란 무대에 초대되었다.
삶이란 시간 동안 우리는 꿈과 희망을 이루어 가며
소중한 삶을 아름답게 살아가야 한다.
우리는 정해진 시간을 살아간다.
그러므로 시간이 떠나면 다시는 돌아오지 않기에
삶을 다시 살 수가 없다.
능력이 없어도 홀로 갇혀 살거나 가치 없는 일로
허송세월로 인생을 보내서는 안 된다.
모든 게 떠난 후에도 절대 후회하지 않도록 최선을
다하여 삶이란 무대에 주인공처럼 살아야 한다.
우리의 꿈과 행복을 가꾸어 가야 한다.

이 세상에서 꼭 필요한 사람으로 살아야 한다.

세상을 향하여

"내가 여기 있다! 나를 써라!"

당당하게 외쳐야 한다.

삶을 가장 가치 있고 보람이 있고

기쁨이 넘치게 만들어 놓아야 한다.

살아가는 동안 끊임없이 상승 기류를 타야 한다.

우리는 삶을 아주 멋지게 살아갈 수 있다.

용 혜 원

차 례

PART 1
나는 꼭 필요한 사람입니다

"세상아, 내가 여기 있다. 나를 써라!"

이 말을 크게 외칠 때마다 약한 마음이 강하고

아주 담대해지고 힘찬 용기가 생길 것이다

그 강한 마음으로 꿈과 희망을 이루어 가라

너는 대단해!
너라면 충분히 할 수 있다

너는 대단해! 너라면 충분히 할 수 있다. 힘을 내!

부족하니까 채워 나가야 한다. 나약하니까 강해져야한다. 너는 이 세상에서 단 하나뿐인 아주 소중한 존재인것을 알아야 한다. 네가 없는 세상을 생각해 보라. 세상은너에게 아무런 의미가 없다. 네가 있기에 세상은 더 멋있고 아름답다. 너로 인해 즐겁고 행복해지는 사람들이 많아져야 한다. 그래야 너는 최고로 행복한 삶을 살 수 있다.

너는 마음을 강하고 담대하게 가져라. 그래야 내일을향한 꿈과 희망을 이루며 기쁨과 감동으로 살아갈 수 있다.

들판의 아주 작은 풀잎들을 바라보라. 모진 눈보라와 거친 폭풍우 속에서도 살아남는다. 풀잎들이 하늘을 들고 서서 찬란하게 초록의 빛을 발산해 내는 것이 얼마나 신비롭고 놀라운가.

캄캄한 어둠이 가득한 밤하늘에 빛나는 별들을 바라보라. 별들은 드넓은 하늘에서 외롭다, 고독하다 말하지 않고 찬란하게 빛나며 어둠을 밝힌다. 성공하는 사람은 자기의 나약함과 부족함을 알아 기초를 쌓고 이겨 낸 사람이다. 두 주먹을 꽉 쥐어 보고 마음을 굳건하게 다져야 한다.

고통 속에는 뜻이 있다. 고통은 우연히 다가오지 않는다. 남이 하는 일을 구경만 하면서 부러워하거나 좋아하지만 말고 내가 해야 할 일에 뛰어들어야 한다. '할 수 없다.'가 아니라 '할 수 있다.'로 변화시켜야 한다. 그러면 할 수 있는 사람이 된다. 거대한 바다의 거친 파도 속에서도 아주 작은 멸치와 새우는 쓸데없는 걱정이나 신세를 한탄하지 않고 살아간다. 작은 새가 넓은 하늘을 자유롭게 날개를 저으며 날아간다.

'나는 되는 게 없다!'라고 말하는 사람은 정말 되는 게 없다. 결국 신세 한탄만 할 것이다. 인생은 단 한 번 살아가는 1회전 삶이다. 이 소중한 삶에 아무런 도전을 하지 않으면 성공도 없다. 도전이라는 가능성을 가능으로 바꾼다.

자기에게 찾아온 기회를 잘 포착하여 자기 것으로 만드는 사람은 성공한다. 세상이라는 바다에 열정 가득한 마음의 장작을 힘껏 던져 불태워야 한다. 가슴을 뜨겁게 하는 삶이라면 안 되는 일이 없다. 담대하게 살수록 멋진 인생이 펼쳐진다.

뱀은 쥐 한 마리를 잡기 위하여 몇 시간이고 꼼짝하지 않고 기다린다. 그리고 기회가 오면 한순간에 잡아먹는다. 물총새는 물고기를 잡기 위해 공중에 300m나 높이 올라갔다가 수면으로 꽂히듯이 내려와 발톱으로 물고기를 낚아채는데 여섯 번의 한 번꼴로 성공한다. 물총새는 언제나 실패를 뛰어넘어 도전에 성공한다.

우리가 할 수 있는 일이라면 무엇이든 할 수 있다는 마음으로 어떤 고난에 처해도 반드시 목표를 달성하려는 의지를 가져야 한다.

　혼자 만들면 기억이 되지만 둘이 만들면 추억이 된다. 삶을 멋지게 살아가야 한다. 힘차게 삶의 불꽃을 활활 불태워야 한다. 성공이란 물감으로 모든 실패를 싹 깨끗하게 지워 버려라.

꿈만 꾸지 않고

꿈대로 살았더니

꿈이 이루어졌다

꿈

세상아
내가 여기 있다. 나를 써라

지금 네가 나약하고 힘이 없다고 느껴지면 세상을 향하여 힘차게 외쳐 보라.

"세상아 내가 여기 있다. 나를 써라!"

얼마나 힘이 나는가? 될 대로 돼라고 가만히 있으면 아무런 변화가 일어나지 않는다. 새로운 변화를 일으키고 자기가 원하는 삶을 살고 싶다면 움직여야 한다. 세상을 바라보라. 살아 있는 모든 게 움직이고 변화를 시작한다. 씨앗에서 싹이 터서 자라고 주렁주렁 열매를 맺는다. 행복이란 후회가 없는 만족이다.

돌 중의 대리석이 아무리 아름다워도 가만히 있으면

그냥 아무 쓸모없는 돌이다. 좋은 돌도 그냥 놔두면 돌이다. 조각가의 손에 잘 다듬어져야 명작이 되고 걸작이 된다. 봄날 곳곳에 아름답게 피어나는 노란 민들레꽃을 바라보라. 아름답고 예쁘게 피어난 민들레꽃들이 소리치고 있다.

"아름다운 봄날! 내가 꽃 피었다! 내가 여기 있다! 나를 보라!"

봄날 민들레꽃들의 외침이 얼마나 아름답고 멋진가? 따뜻한 봄날, 오가는 이들의 수많은 시선을 받으며 아름답게 피어나는 민들레꽃이 얼마나 당당한가! 들판의 잡초를 보라. '잡초라고 무시하지 말라! 이 땅의 주인은 바로 나다!'라고 당당하게 외치며 거친 세상을 살아간다.

시작이 있으면 끝이 있다. 그러므로 인생을 값지게 살아야 한다. 위대한 사람들은 변화의 시기를 활용한다. 나약함에서 강함으로 전환되는 시기가 인생을 새롭게 변화시켜 놓는다. 크고 위대한 일을 해낸 사람들은 어느 날 갑자기 성공한 것은 아니다. 작지만 구체적인 일들을 하나씩 이루어 감으로써 어려움을 이겨 내고 성공의 발판을 이루는 힘을 갖는다.

우리에게 찾아오는 고통과 아픔을 통해 더 강하게 성장해 나가야 한다. 어려울 때일수록 강한 결심이 자기 삶을 성공적으로 이끄는 동기가 된다. 살아가면서 자신이 나약하고 부족하다고 느껴질 때면 산에 올라가서 고함을 지르거나 마음껏 웃고 신나게 노래를 불러 보자. 가슴이 트일 것이다. 삶을 즐겁게 살아야 힘이 넘친다.

오늘부터 아주 기분 좋게 생각해 보라.

"이 세상에서 피는 꽃도 나 때문에 피어난다! 강물도 나를 위해 흘러간다! 태양도 나 때문에 뜬다! 오늘도 나 때문에 하루가 시작한다!"

날마다 뜨거운 가슴으로 멋진 인생을 펼쳐 나가자. 사람은 머물면 집을 만들고 떠나면 길을 만들어 나간다.

성공한 사람들에게는 어떤 한순간이 동기가 되고 계기가 되어 새로운 변화를 일궈 내고 도약을 이룬 기회가 된다. 가만히 있으면 아무도 모른다. 움직여야 주위의 관심어린 눈길이 다가오고 시선도 마주친다.

아무리 종자가 좋은 씨앗이라도 씨앗 보관소에 있으

면 변화가 없다. 씨를 심어 싹이 트고 자라나야 꽃피고 열매를 맺는다. 자기가 바라고 원하는 것을 향하여 전력 질주하여 나가야 한다. 내일을 향하여 멋지게 상승 기류를 타야 한다. 오늘부터 시작해 보는 거다.

용혜원
시인의
희망시

실망과 좌절과 포기를 뚫고 힘차게 일어나
꿈과 희망을 이루며 내일을 힘차게 살고 싶다면
어깨를 펴고 가슴을 활짝 열고
세상을 향하여 용감하고 담대하게 가장 큰 소리로 외쳐라
"세상아 내가 여기 있다. 나를 써라!"

이 넓은 세상에 내가 해야 할 일이 있고
내가 꼭 필요하고 원하는 곳이 있고
쓰임 받을 곳이 있다면 기분이 좋고
가슴이 벅차 오르도록 신나는 일이다

살다 보면 수많은 시련과 역경의 순간을 만나지만
어느 때나 좌절하고 낙심하고 포기하지 말고
항상 자신에 대하여 강한 마음을 갖고 도전해야 한다
...

세상아 내가 여기 있다. 나를 써라! _중에서

나는
할 수 있다

'**나**는 할 수 있다!'는 말처럼 힘차고 우렁찬 말이 어디에 있겠는가! 이렇게 가슴에 활력을 주고 힘이 넘치게 해주는 긍정적인 말이 꼭 필요하다.

"나는 할 수 있다!"

이 멋진 말은 뜨거운 열정과 자신감을 넘치게 해준다. 내일의 꿈과 희망을 향한 확신에 찬 말이다. 외국 속담에 '된다' 하면 된다 정거장에 내리고 '안 된다' 하면 안 된다 정거장에 내린다는 말이 있다. 우리는 언제나 외쳐 보자.

"나는 된다! 나는 할 수 있다!"

스스로 외칠 때마다 강한 힘이 생길 것이다. 할 수 없다라는 말은 가장 초라하고 힘이 없고 비굴하고 나약하게 만들어 버린다. 행복하게 살아가는 사람은 '나는 할 수 있다!'고 말하며 노력하고 행동하는 사람이다. 부지런한 사람이 행복하게 살아간다. 게으른 사람은 행복하게 살아가지 못한다. 승자의 주머니 속에는 꿈이 들어 있으나 패자의 주머니 속에는 욕심이 들어 있을 뿐이다.

성공이라는 화살을 쏘고 싶다면 과녁을 향해 있는 힘을 다하여 정확하게 한가운데를 명중시켜라. 단단히 각오하면 분명히 화살이 날아가 과녁을 맞힐 것이다.

불안한 마음을 다 떨쳐 버리고 온 마음과 온 힘을 다하여 성공이란 화살을 강하게 쏘아라. 자신이 원하는 꿈을 미루지 마라. 사랑도 미루지 마라. 여행도 미루지 마라. 오늘 할 일을 내일로 미루지 마라.

흘러만 가는 시간은 절대로 용서하지 않는다. 어디에서나 성공한 사람들은 시련과 역경을 이겨 낸 사람들이다. 사람은 자신이 발휘할 능력의 15%만 사용하고 살아간다. 자기 능력을 개발하여 마음껏 발휘하고 움직일 때 놀라운 일들이 일어난다. 이것이 바로 도전 정신과 열정이다. 쓸데없이 이 궁리 저 궁리 하지만 말고 첫걸음을 제대로 내딛는다면 성공은 이미 시작되는 것이다. 세상을 바꾸려면 먼저 나부터 바꿔야 한다.

우리의 잠재력을 개발하여 자기 능력을 다 나타낼 수 있어야 한다. 가장 중요한 것은 자신이 할 수 있다는 마음을 가지고 움직이는 것이다. 마음의 여유를 가지고 잘못된 습관을 버리고 새로운 길을 열어 나가야 한다. 길거리에서 행인을 보면 같은 방향으로 가는 사람들도 각각 다른 길을 가고 있다.

위기가 없이는 아무런 발전도 없다. 위기 앞에서 포기하면 최악의 삶을 낳지만, 오히려 위기를 기회로 삼고 변화의 기회를 맞이해야 한다. 주어진 환경이 아무리 힘들더라도 자신에게 가장 좋은 기회로 만들어야 한다. 위기는 나를 알아보는 시간이다.

우리 마음을 강하게 하는 것은 시련과 역경이다. 현실에 충실하지 않으면 미래는 없다. 용기를 내어 소리 질러보라!

"나는 할 수 있다!"

힘들어도 절망의 공포가 거세게 몰아쳐도
한순간 지쳐서 쓰러지지 말고 일어서라

터무니없는 근심 속에 고통스러워 좌절하여
힘없이 주저앉고 무너져 내리지 말자
삶의 무게가 견디기 힘들다고
절대 할 수 없다고 포기하지 말고 용기를 내자

어떤 경우에도 어떤 순간에도 트집 잡지 말고
할 수 있다 가능하다는 마음을 갖고
앞으로 도전하여 나가며 꿈과 희망을 이루어 놓자

이 세상 모든 일은 중간에 포기하지 않고
도전하는 사람과 항상 성실하고
끝까지 인내하는 사람이 이루어 놓은 것이다

내일 향하여 달려 나갈 힘찬 용기가 없고
중간에 그만두거나 포기한 사람은
아무도 모르고 전혀 기억해 주지 않는다

...

용기를 내자 _중에서

자기가 하고 싶은 일,
좋아하는 일을 하라

삶을 멋지게 살고 싶다면 하고 싶은 일을 신나게 해나가야 한다. 세상은 무엇 하나 공짜로 얻어지지 않는다. 자기가 좋아하는 일을 하면 꿈과 희망을 이루어 가는 기쁨에 가슴이 설레고 두근거린다. 좋아하는 일을 할수록 즐거움이 넘친다.

자신이 원하는 일을 해야 짜증과 원망이 없다. 좋아하는 일을 하면 살맛이 나고 일의 능률이 오른다. 평생을 해도 전혀 힘들지 않고 능숙해진다. 자기가 하고 싶은 일이 뭔지도 모르고 희망과 꿈을 펼치지 않는다면 어리석은 인생을 살 것이다. 자기가 하고 싶은 일을 하는 사람은 성공한 뒤에도 자기 모습을 바라보면 가슴이 뛰고 설렌다.

자기를 사랑할 줄 아는 사람이 성공한다. 자애는 자기 자신을 사랑하는 것이다. 자애는 열등감 없이 자신을 사랑하고 자기주장을 펼 줄 알고 자기가 좋아하는 일을 하는 것이다. 자신을 사랑하지 못하면 천하를 다 소유해도 소용이 없다. 자신을 사랑할 줄 아는 사람이 남도 소중하게 여기고 사랑을 베푼다.

자신이 잘할 수 있는 것, 곧 특기와 재주를 찾아내고, 날마다 자기 재능을 갈고닦아 잠재 능력을 발휘하면 지금까지 살아왔던 괴로움에서 벗어나 활달하게 살 수 있다. 변화와 성장을 포기하고 내일을 맞이한다면 절망뿐이다.

자신의 잠재 능력을 탁월하게 개발하여 멋지게 사는 거다. 잠재 능력은 곧 자신 속의 능력을 다 쏟는 것이다. 시냇물에 고래가 살 수 없다. 넓고 넓은 바다에 살 수 있다. 우리 마음도 넓어야 큰일을 할 수 있다. 자기 능력을 마음껏 발휘하라.

힘을 내고 용기를 내어라. 나약함에서 빨리 벗어나고 끈기가 부족함에서 벗어나야 한다.

사진 찍어 놓은 바다는 파도치지 않는다. 그려놓은 바다도 파도가 치지 않는다. 숨쉬고 사는 것만으로 살아간다고 할 수 없고 심장이 뛰도록 힘차게 살아야 한다.

좋은 일이 일어날 것이라는 기대는 참으로 가슴을 설레게 한다. 기대하고 기다릴 것이 있다는 것은 삶에 의미를 갖게 한다. 내일을 기대하고 노력하며 살아야 한다. 어떤 일을 하든지 자신의 힘을 최대한 발휘해야 한다. 삶을 복잡하게 살 필요는 없다. 실패가 있으면 반성하고 책임을 져야 한다. 잘못을 인정하고 고치면 성공할 수 있다.

기적은 상상 이상의 일이 예상 밖으로 일어난 일이다. 하루하루 최선을 다해 살면 기적 같은 인생이 멋지게 펼쳐진다. 얼마나 기분 좋고 신나는 일인가.

꿈만 같은 날이 눈앞에 펼쳐진다면 최고의 날이 된다. 이 얼마나 가슴 설레는 멋진 순간인가! 우리가 바라던 날을 만들어 가야 한다.

아름다운 인생은 수많은 만남과 이별의
시간이 만들어 놓은 것이다

멋진 인생은
수많은 실패와 고난과
역경이 꽃피워 놓은 것이다

고귀한 인생은
수많은 고통과 아픔과
시련이 만들어 놓은 것이다

가치 있는 인생은
수많은 꿈과 희망을 이루면서
알차게 열매를 맺어 놓은 것이다

인생은

즐거운
상상을 해라

즐거운 상상을 하는 것은 아주 멋진 일이다.

상상을 해보면 무엇이든 할 수 있고 어디로든지 갈 수 있다. 내일을 위하여 상상의 날개를 마음껏 펼쳐 보라. 마음도 신나서 날개를 달고 날아갈 것이다. 상상은 경험하지 못한 것을 마음속으로 미루어 생각하게 한다. 상상력이 풍부한 사람은 절대 낙심하지 않는다. 즐거운 상상을 하면 원망과 불평이 한순간에 사라지고 우울함에서 벗어나 행복해진다. 자신이 원하는 일을 떠올리며 상상의 날개를 펴야 한다. 그리고 희망적인 생각을 가득하게 만들어야 한다. 날마다 즐거운 상상을 하면 좋다.

예술가들은 완성된 작품을 상상하면서 작품을 만든다. 상상이 눈앞에서 현실이 되는 기쁨을 잘 알기에 지치고 힘들더라도 작품을 만든다. 어부들도 만선의 기쁨을 즐겁게 상상하기에 거친 파도 속에서도 그물을 던져 고기를 잡는다. 자기 삶에 행운을 불러들여라. 나쁜 상상을 하지 말고 행복하고 멋진 상상을 해라. 보기 좋게 성공한 모습을 그려라. 어떤 경우라도 불운을 인정하지 말고 행운의 주인공이 돼라.

자신이 꿈꾸고 상상해 왔던 것을 이루고자 노력한다면 평범한 시간 속에서도 기대하지 않았던 성공을 얻는다. 즐거운 꿈과 상상이 없다면 참 지루하고 보잘것없는 삶이 된다. 기대할 것이 없는 삶은 살맛이 나지 않는다. 꿈 앞에 놓인 험한 언덕을 넘고 깊은 골짜기를 건너려면 즐거운 상상과 강한 열정이 필요하다.

상상은 수많은 그림을 그리고 지우는 화판이다. 상상의 날개를 마음껏 펼치며 비상해야 한다. 자신이 성공했을 때의 모습을 떠올리는 상상을 하고 가슴 벅찬 기쁨을 느끼는 사람이라면 성공할 수 있다. 상상을 현실로 만든 삶이 멋있다. 자기가 원하는 것이 있다면 자유롭게 상상해야 한다. 자기가 펼칠 미래를 긍정적으로 상상하며 하고 싶은 일에서 최고가 되어야 한다.

모든 꿈에는 상상이라는 대본이 있다. 이 대본을 자기 삶의 무대에 올려 관객들이 손뼉을 치고 환호하게 만들어야 한다. 연극 무대에서 배우들이 실감이 나게 연기를 할 때 감탄하고 관객들이 손뼉을 치고 환호를 보낸다. 우리 인생도 무대라면 멋지게 살아 박수갈채를 받아 보아야 한다. 연극 배우들도 박수받을 때 행복해 보인다. 연극을 올리기 위하여 연습하면서 힘들었던 순간도 박수갈채로 한순간에 사라지고 기쁨과 행복이 가득해진다.

꿈이 있다면 헛된 환상의 무지개를 찾아 인생을 허비하는 일이 없다. 인생은 허공에 뜬구름이나 일곱 색깔 무지개를 찾는 것이 아니다. 꿈을 성취한 사람들은 위대한 목표를 가지고 평생 노력한 사람들이다.

현재보다 좀 더 아름답고, 보람 있고, 든든한 것을 희망하며 살자. 기적은 물 위나 허공을 걷는 것이 아니라 꿈과 비전을 눈앞에 이루어 놓는 것이다.

상상은 수없는 그림을 그리고
지울 수 있는 화판이다

상상의 날개를 마음껏 펼치며
상승 기류를 타고 올라 비상해야 한다

상상할 때 자신이 성공했을 때의 모습을
분명하고 또렷이 확실하게 떠올리고
가슴 벅찬 기쁨을 느낄 수 있다면
반드시 성공할 수 있다

상상을 현실로 만든 삶이 멋있다
자신의 꿈이나 원하는 것이 있어야 한다

자유롭게 상상해야 한다.
자신의 상상을 좋아하고
원하고 하고 싶은 일에서
최고가 되어야 한다

상상

가슴이 벅차오르는
감동을 느껴라

삶에서 중요한 것은 꿈과 비전을 만드는 일이다.

비전이란 무엇인가? 해볼 만하고 해낼 수 있는 것을 말한다. 비전은 다른 사람들보다 더 멀리 그리고 더 넓게 보는 능력을 말한다. 가슴을 설레게 한다. 머뭇거리거나 서성이지 않고 행동하게 하며 마음속에 생명을 불어넣는다. 비전을 이루려면 행동으로 옮겨야 한다.

삶 속의 꿈과 희망을 그림으로 그리면 행복하다. 그려놓은 꿈과 희망이 눈앞의 현실로 나타나면 만족하고 가슴 벅차게 감동한다. 감동은 마음에서 깊이 느끼고 움직이는 것을 말한다. 우리는 멋진 영화와 공연을 보고 멋진 그림과 멋진 연주에 감동한다. 멋진 풍경에 감동하고 멋진 사랑에 감동하고 맛있는 음식에 감동한다.

자기가 원하는 수집품을 만나면 감동하고 자기가 좋아하는 옷을 만날 때도 감동한다. 자기가 잘한 일에도 때로는 아주 사소한 일에도 가슴 벅차도록 감동하며 살아간다. 감동할 일이 많으면 행복한 삶이다.

땅속에서 잠자는 씨앗들은 모두 싹트기를 기다린다. 씨앗에서 새싹이 나고 자라서 꽃이 피면 그것을 바라보는 감동도 대단하다. 이 세상에 사는 사람 중에 감동을 원하지 않는 사람은 없다. 그래서 많은 사람이 감동의 삶에 환호를 하는 것이다. 어떤 일에 감동할 일이 생기면 근사한 마음이 들고 행복이 가슴 가득 차오르는 것을 느낀다.

"내가 이런 일을 하다니!"

참으로 놀랍고 신기하다는 것을 깨닫는다. 자기를 자랑스럽게 여긴다. 감동할 일이 많았다면 이 세상에서 축복을 많이 받은 삶이다. 살아갈수록 감동할 일이 점점 더 많아졌으면 좋겠다. 자신이 살아온 삶을 바라볼 때 눈물을 흘리며 감동할 수 있다면 얼마나 좋은 일인가?

우리는 역경을 이겨 낸 실화에 감동하고 어려움을 극복한 이들의 삶에도 감동한다. 기다리던 전화 한 통이나 뜻밖의 작은 선물에도 감동한다. 중요한 것은 자신의 인생에 감동하고 자신을 바라보는 사람들에게도 감동을 주는 삶을 살아야 한다는 것이다.

"나는 정말 잘 살아왔다!"

신나게 소리치며 감동할 정도로 잘 살아야 한다. 내가 살아온 삶에 가슴 뿌듯한 기쁨을 누릴 수 있다면 정말 잘 살아온 것이다. 역경 속에서도 감동의 기쁨을 마음껏 표현하고 웃을 수 있는 즐거움을 누려야 한다.

용혜원
시인의
희망시

가슴 벅찬 즐거움으로
세상이 떠나가도록 소리치는
기쁜 감동을 만들고 싶다

한순간에
지나가 버리는 삶
뭉개 버리듯 살고 싶지 않다

세포 하나 핏줄 하나
살아 움직이는
생생한 삶을 만들어 가야 한다

슬프고 괴로운 것도
살아 있음을 알려주는 것이기에
한순간도 허무하게 놓치며
살고 싶지 않다

삶의 순간순간마다
하늘을 향하여
환호를 지르며
가슴 찡한 감동을 만들고 싶다

감동

나는
꼭 필요한 사람이다

날마다 힘 있고 강하고 자신 있게 외쳐라!

"나는 꼭 필요한 사람이다!"

이 얼마나 멋진 말인가.

"나는 꼭 필요한 사람이다."

이 얼마나 가슴이 벅차고 신나고 힘 있는 말인가.

내가 이 세상에 필요한 존재만으로도 살아갈 이유가 된다. 가치 있는 삶을 살아갈 넘치는 힘을 준다. 사람들은 세상이 참 살기가 어렵다고 말한다. 삶에 힘을 주고 의욕을 주는 일이 없다는 말이다.

참으로 힘들고 어려운 시대라고, 들려오는 소식마다

우울하고 비난하는 소리뿐이다. 어려울 때일수록 아름답게 사랑하며 살아야 한다. 세상이 어려워도 우리에게 필요한 것들을 잊어버리는 것이 더 큰 일이다.

어려울 때일수록 더 행복하게 살려고 노력해야 한다. 간섭하고 구호만 외치고 상처만 주기보다는 서로 사랑하며 아픔을 치유해 주어야 한다. 간섭은 모든 일을 내 중심에서 바라보는 것이지만 관심은 모든 일을 상대방 중심에서 바라보는 것이다. 서로 이해하고 관대한 마음으로 대하면 사랑하는 마음이 더 강해지는 걸 알 수 있다.

삶이 어려울 때 걱정과 근심만 하는 것은 더 큰 불행을 만든다. 걱정과 근심은 스스로 만들어 내는 우환이다. 우리가 하는 걱정 중의 90%가 일어나지도 않을 일을 염려하는 것이다. 어려울수록 걱정만 하지 말고 새로운 변화를 일으켜 나가야 한다. 삶에 고통이 있다는 것은 아직도 우리가 살아 있다는 증거다.

삶에 어둠과 고통이 올 때도 싱싱하게 자라나는 초록 생명으로 힘차게 돋아나야 한다. 우리가 세상에 꼭 필요한 존재로 살아야 한다. 내가 누군가에게 도움이 되고 필요한 존재가 되는 것은 멋진 일이다. 어려울 때일수록 웃음과 행복을 찾아보는 것이다. 웃음은 승리의 노래다.

내가 누군가에게 꼭 필요한 존재가 되면 모든 사람을 사랑하게 된다. 사랑이 삶을 변화시킨다. 어려울 때일수록 이기주의와 증오의 마음을 남겨두어서는 안 된다. 우리가 만나고 보고 느끼는 모든 것에서 행복을 만들어 가는 습관을 길러야 한다.

내가 꼭 필요한 존재가 되면 주변 사람들을 행복하게 만들어 준다. 많은 사람이 이런 마음을 공유할 때 어려움은 조금씩 회복되어 가고 내일의 희망이 싹튼다.

내가 꼭 필요한 존재가 되면 모두가 긍정적으로 보이기 시작한다. 그러므로 긍정적인 마음을 하나로 모아가며 삶을 새롭게 변화시켜 나가야 한다. 어려울 때 기회를 만들어 가야 한다.

마음속에서 큰 소리로
세상을 향하여 외쳐 보십시오
나는 꼭 필요한 사람입니다

자기 삶에 기대하고 살아가면
희망과 기쁨이 날마다 샘솟듯 넘치고
다가오는 모든 문을 하나씩 열어 가면
삶에는 리듬감이 넘쳐납니다

이 세상에는 수많은 사람이 살아가지만
그중에서 단 한 사람도
필요 없는 사람은 없을 것입니다

세상에 희망을 주기 위하여
세상에 사랑을 주기 위하여
세상에 나눔을 주기 위하여
필요한 사람이 되어야 합니다

자신을 향하여 세상을 향하여
가장 큰 소리로 외쳐 보십시오
"나는 꼭 필요한 사람입니다."

...

나는 꼭 필요한 사람입니다 _중에서

부족함을
채워 나가라

이 세상에 티끌 하나 없이 완전한 사람은 없다.

모두 다 부족하고 나약하게 태어난다. 부족하다 탓하지 말고 긍정의 힘으로 이겨 내야 한다. 누구도 나의 인생에 함부로 영향을 미치지 못하도록 스스로 강하게 만들어가야 한다. 모든 것은 자기 생각과 행동에 달려 있다.

스스로 부족하다고 생각하면 자꾸만 부정적인 사고를한다. 그러나 자신의 처지를 잘 알면 빈 곳을 채워나갈 수있다. 때론 부족함이 있는 사람에게 인간미가 느껴질 때가 더 많다. 부족함을 인정하는 사람은 겸손하고 남에게배우려는 의지가 강하다. 성공하는 사람들은 최악의 조건

속에서도 언제나 꿋꿋하게 일어난다.

사람들은 살아가면서 시간이 부족하다는 말을 자주 한다.

"일할 시간이 부족하다."

"사랑할 시간이 부족하다."

"쉴 시간이 없다."

이런 불평이 반복되면 더 꼬이고 뒤틀어져 버린다. 자기 삶을 잘 정리하여 잘못 쓰는 시간을 꼭 해야 할 일에 쓰게 한다. 그러면 여유가 생긴다. 좀 일찍 자고 일찍 일어나 한 박자 빠르게 아침을 시작하면 시간적 여유가 생긴다. 그리고 할 일을 미루지 말고 그때그때 해야 한다.

자기 부족을 느낄 때 자신과 싸워서 이겨 내야 한다. 언제나 자신과 나약한 타협을 하지 말고 이겨 내서 부족함을 채워 나가야 한다. 자기 부족을 알고 채워 나가는 사람이 삶답게 살아가는 사람이다. 부족함을 알면 채워 나가면 된다. 부족함에 매달리지 않고 자신의 장점을 더 살려 나가면 어느덧 부족함이 채워지기 시작한다. 자신의 약점만을 보고 부족함을 느끼기보다 자신의 강점을 최대한 발휘해야 한다.

포기는 자기가 하던 일을 그만두는 것을 말한다. 포기를 반복하면 습관이 된다. 포기하려는 것은 자기 부족과 신념의 결여에서 나타나는 행동이다. 성공을 원하면 포기하려는 마음을 버려야 한다. 어떤 고통 속에서 살았든지, 얼마나 많은 실망을 경험했든지, 경험의 가치는 충분히 있다. 사방이 어려움으로 가득 차서 오갈 수 없는 극한 절망 속에 빠져도 포기하지 말아야 한다. 인간에게는 죽음보다 포기하는 것이 가장 비참한 패배다.

자기 강점을 잘 활용하고 약점을 잘 관리해야 한다. 자기가 모든 짐을 졌다는 생각을 버려야 한다. 자기에게 주어진 일을 즐겁게 받아들이는 습관이 필요하다. 어떤 어려움도 쉽게 생각하면 쉬워지고 어렵게 생각하면 더 꼬인다. 선택의 길은 항상 열려 있으니 힘들더라도 허튼짓, 허튼소리 하지 말고 살자.

마음속에서 패배의 기억이 아니라 성공의 기억을 꺼내야 한다. 실패는 배움의 기회다. 자신에게 찾아온 고난은 하늘로부터 온 선물이라 생각하고 잘 이겨 내어 더욱 든든하고 알찬 삶을 살아야 한다. 멋진 건물을 설계하고 한 단계씩 건축하여 나가듯이 삶도 나이만큼씩 완성되도록 진가를 높여야 한다. 나이만큼 인생이란 작품을 원하던 대로 잘 꾸려 간다면 어느 날 갑자기 다가온 듯한 황혼이 찾아와도 후회는 없다.

용혜원
시인의
희망시

내 삶의 가난은 나를 새롭게 만들어 주었습니다.
배고픔은 살아야 할 이유를 알게 해주었고
나를 산산조각으로 만들어 놓을 것 같았던
절망들은 도리어 일어서야 한다는 것을 일깨워 주었습니다

힘들고 어려웠던 순간들 때문에
떨어지는 굵은 눈물방울을 주먹으로 닦으며
내일을 향해 최선을 다하며 살아야겠다는
다짐했을 때 용기가 가슴속에서 솟아났습니다

내 삶을 바라보며 환호하고
기뻐할 수 있는 순간들은
고난을 이겨 냈을 때 만들어졌습니다.
삶의 진정한 기쁨을 알게 되었습니다

…

나를 만들어 준 것들 _중에서

자기의 모습에
당당하다

자기의 얼굴은 자기 삶의 표현이다. 얼굴에 나타나는 이미지가 삶을 바꾼다. 성공한 사람들의 얼굴은 표정이 살아 있다. 멍하고 넋 빠진 얼굴의 사람은 꿈이 없다. 활력이 없는 사람은 늘 얼굴을 찡그리고 인상 쓴다. '얼굴이 형편없이 쪼그라들었다.'라는 말을 들으면 실패의 어두운 그림자가 파고든 것이다.

꿈이 있는 사람은 얼굴이 항상 명랑하다. 삶을 당당하게 살아가는 사람들을 보라. 얼굴이 환하고 혈색이 잘 돌고 걸음걸이가 당당하다. 자기 일의 당당함을 잃지 말아야 한다.

이 세상에 나 같은 사람은 오직 나 하나뿐이다. 작은 풀잎도 꽃을 피우고 향기를 뿜는다. 자기 모습에 당당하지 못할 이유가 어디에 있나? 자세히 살펴보라. 자신을 부족하다고 여기지 말고 자기의 모습에 당당해야 한다. 얼굴보다 마음이 더 아름다울 때도 얼마나 많은가?

자기의 얼굴을 보라. 얼마나 멋진가. 이 세상에서 하나밖에 없는 걸작이다. 성공한 사람들의 위대한 비결은 무엇인가? 실패를 많이 겪었기 때문이다.

유치원생 어린아이가 집으로 돌아가는 길이었다. 공원에서 역도 선수가 역기를 들면서 어린아이를 불렀다.

"너는 어린아이여서 이런 무거운 역기를 들지 못하지?" 어린아이가 씩 웃더니 말했다.

"형아! 잠깐만 기다려 봐!"

유치원 가방을 내려놓고 물구나무를 서는 모습을 흉내 내더니 말했다.

"형아! 나는 지구를 들었다! 형아! 역기나 들어라!"

어린아이는 웃으면서 집으로 돌아갔다. 유치원생 어린아이가 얼마나 자기 모습에 당당한가. 스스로 당당하게 살아가면 어떤 것도 두려울 필요가 없다.

할 수 있는 일에 최선을 다하려면 실패를 디딤돌로 삼아야 한다. 자신이 원하는 것을 어떻게 얻겠는가? 원하는 것을 이루려면 자신을 과감하게 내던져야 한다. 어떤 일도 손쉽게 이루어지지 않는다. 열정을 갖고 뛰어들지 않으면 아무것도 손에 잡을 수 없다. 누구나 무한한 잠재 능력을 갖추고 있다. 이 세상에서 불행한 자는 우유부단한 인간이다.

실패를 두려워 말아야 한다. 어떤 행동을 개시하여 실패하는 것보다 자신의 우유부단한 습관 쪽을 두려워해야 한다. 스스로 당당하게 꿈을 이루어 가는 기쁨을 맛보면 살맛이 난다. 사람은 머물면 집을 만들고 떠나면 길을 만든다. 인생이란 하나의 멋진 작품을 만들어 가는 아름다운 시간이다.

삶이란 단 한 번만 갈 수 있는 길이니
당당하게 힘차게 자신 있게 살아라

항상 긍정적으로 생각하고
언제나 적극적으로 움직이고
날마다 열심히 행동하라

사람을 만나는 것을 즐기고
일하는 기쁨을 삶 속에서 누리고
삶의 보람과 가치를 가슴으로 느껴라

긍정적으로 적극적으로 자신 있게 살아가고
늘 양심의 소리를 듣고
선한 마음 착한 마음을 갖고 살아라

지난 일에 집착하지 말고
내일에 산 소망을 가지며
나 때문에 행복한 사람들을 만들어 가자

지나친 고정 관념을 버리고
언제나 실전 능력을 발휘하며
즐거움과 기쁨 속에 자신 있게 살아라

...

자신 있게 살아라 _중에서

항상
좋은 느낌을 가져라

느낌은 매우 중요하다. 느낌이 좋아야 기분 좋게 산다. 느낌은 순간순간마다 오지만, 오랫동안 여운을 남긴다. 느낌은 감성과 감각을 통해서 온다. 느낌에는 좋은 느낌도 있지만 몹시 불쾌하고 싫은 느낌도 있다. 좋은 느낌은 행복한 마음을 만들어 준다. 느낌이 좋은 날은 하루 종일 웃음이 나오고 기분이 좋아 노래를 흥얼거리고 일이 잘 풀리고 아메리카 커피 풍미와 입 안 가득히 풍기는 향기도 좋다.

기분은 무엇을 말할까? 기분은 마음으로 느끼는 즐거움이나 불쾌감을 말한다. 기분이 우울할 때 쾌활함으로 회복시키는 최고 방법은 일부러라도 기분 좋은 척하며 웃고 떠드는 것이다. 느낌이 좋으면 기분이 좋아지고 몸도 상쾌하여 날아갈 것 같다. 큰일은 물론 사소한 일들에도 기분이 들쑥날쑥해진다. 유쾌한 기분을 항상 유지할 수 있는 비결이 있다. 그것은 쓸데없는 일에 신경 쓰지 않고 사소한 일에도 만족과 기쁨을 느끼는 것이다.

우리 주변에는 항상 얼굴이 밝고 유쾌한 사람들이 있다. 그들과 같이하면 금방 기분이 좋아진다. 그들과 함께 있으면 세상 맑아지는 느낌이 든다. 마음도 무척 행복해진다.

평범하게 사는 것도 좋지만 가슴 뭉클하도록 살자. '정말 이런 일도 있구나!' 하면서 자신이 하고 싶은 일들이 현실이 되어 걸어오는 것을 보자.

'나는 왜 신나는 일이 일어나지 않을까?' 신세타령만 하지 말고 신나는 일을 스스로 만들어라. 신나는 일이 자주 생겨나면 좋겠다.

흘러가는 세월 속에 그리워지는 시간을 만들어야 한다. 웃음 속에 반갑게 나누는 악수는 시간과 돈이 들지 않는다. 인간관계를 좋게 만들고 사업을 번창시킨다. 살아가면 살아갈수록 삶이 소중하고 짧기만 한데 사랑의 기억을 남기며 살아야 한다. 우리 곁에 사는 사람들이 그리워질 수 있도록 서로 사랑하며 살아가야 한다.

잠깐 만나도 오래도록 좋은 느낌으로 남아 있는 사람이 있다. 우리도 그런 사람이 되어야 한다. 첫인상, 첫 말이 중요하다. 첫인상이 좋아지려면 인사를 잘해야 한다. 그리고 늘 겸손하게 행동하면 싫어할 사람이 없다.

살면서 사람들과 잘 지내는 것이 행복하고 즐거운 삶이다. 느낌이 좋아지려면 행복한 얼굴을 만들어야 한다. 우리 곁에 찾아오는 여러 가지 일들로 괴로워하거나 불평하지 말아야 한다. 사소한 불평은 없었던 것으로 생각하는 것이 좋다.

밝은 표정으로 웃음짓는 사람은 희망과 꿈이 넘친다. 아침에 일어나면 거울을 보고 웃어 보라. 기분이 좋아질 것이다. 거울을 보면서 외쳐라.

"오늘도 좋은 하루!"

이렇게 기분 좋게 하루를 시작하는 것이다.

내 속마음을 알아주니
그 넓은 이해해 주는 마음이
참 고맙습니다

내 사랑을 다 받아주니
그 푸근하고 따뜻한 배려가
참 고맙습니다

내 말을 잘 들어주니
그 열어젖힌 마음의 겸손함이
참 고맙습니다

나의 모든 것을 인정해 주니
그 한없는 여유로운 마음이
참 고맙습니다

나와 늘 항상 함께 하여 주시니
늘 곁에서 동행해 주는 마음이
참 고맙습니다
…

참 고맙습니다 _중에서

함께 있으면
좋은 사람이 돼라

'**함**께 있으면 좋은 사람'이라는 말은 마음을 따뜻하게 위로해 준다. 함께 함으로 행복을 느낄 수 있다. 함께할 수 있어서 행복하다. 거칠고 험한 세상에서 마음을 나누고 정을 나눌 수 있다는 것은 행복하다. 삶이란 어울림 속에 이루어지고 서로 함께 할 때 힘이 더 나고 아름답게 조화를 이루며 살 수 있다.

함께 하고 싶은 것은 서로 사랑을 느낀다는 것이다. 이 세상에서 가장 행복하고 아름답게 살아가야 할 사람은 바로 '그대 그리고 나!'다.

행복은 그냥 찾아오지 않고 찾으려는 노력 속에서 우

리 곁에 슬쩍 다가온다. 사랑과 아픔을 함께 하고 싶은 사람이 되고 싶다면 서로 부담과 짐이 되지 말고 행복이 되어야 한다. 함께 하고 싶은 사람이 되려면 먼저 사랑하고 배려해 주어서 따뜻한 마음을 나누어야 한다. 사람들은 자신이 기대했던 것보다 더 많은 일을 해주면 호감을 표현하고 곁에 함께 있기를 원한다.

함께 있으면 부담이 되는 사람이 아니라 마음이 편안한 사람이 좋다. 함께 있으면 무엇을 해도 시간 가는 줄 모르고 즐거운 사람이 되어야 한다. 사람들은 누구나 인정받기를 원한다. 사람들은 잘한 일이나 그렇지 않은 일에도 격려와 위로를 받으면 감사한다. 잘하는 일에 분명한 보상이 있으면 사람들은 더 좋아한다.

삶은 모두 다 한 번뿐이고 짧다. 함께 있으면 좋은 사람들과 가슴에 와닿는 감동이 넘치는 일을 하며 살아야 한다. 삶은 언제나 멈추지 않고 흘러가는 강물과 같다. 우리에게 주어진 시간도 우리를 기다려 주지 않고 떠난다. 소중한 삶이기에 진정 아름답게 살아야 한다. 삶을 함께 하여 아름다운 곡으로 연주해 나가야 한다.

어려움은 혼자 극복해 나가는 것보다 사랑하는 사람과 함께 극복해 나가면 훨씬 더 쉽다. 인생은 홀로 사는 것이 아니라 너와 나, 우리가 함께 살아가는 것이다. 이 세상에서 누군가를 위하여 살 수 있다면 얼마나 축복받은 삶인가. 누군가의 아픈 가슴을 사랑으로 꽃피운다면 보람이 넘치는 기쁜 일이다. 좋은 사람을 만나는 것은 축복받은 삶이다.

삶은 얼핏 보기에는 고행이다. 하지만 순간순간 찾아오는 기쁨과 감동이 삶을 풍요롭게 만들어 준다. 인생에 어려움이 없다면 극복하는 기쁨도 없다. 비 오는 날 두 사람이 하나의 우산을 들고 걸을 만큼 좋은 관계를 만들어라. 쏟아지는 빗물에 한쪽 어깨가 젖는 줄도 모르고 사랑을 속삭일 사람이 있다면 얼마나 좋은가!

그대를 만나던 날 느낌이
참 좋았습니다

착한 눈빛, 해맑은 웃음
한마디 한마디 말에도
따뜻한 배려가 담겨 있어
잠깐 함께 있었는데
오래 사귄 친구처럼 마음이 편안했습니다

내가 하는 말들을 웃는 얼굴로 잘 들어주고
어떤 격식이나 체면 차림 없이
있는 그대로 보여주는
솔직하고 담백함이 참으로 좋았습니다

그대가 내 마음을 읽어 주는 것 같아
둥지를 잃은 새가
새 보금자리를 찾은 것만 같았습니다

그대는 함께 있으면 있을수록
더 좋은 사람입니다
...

함께 있으면 좋은 사람 _중에서

작은 것부터
시작하라

하늘 높이 솟아오르는 큰 나무도 작은 씨앗에서 시작한다. 거대한 해변도 아주 작은 한 알의 모래알부터 시작한다. 넓은 바다도 한 방울의 물에서 시작한다. 큰 호수도 높은 하늘에서 바라보면 한 잔의 물처럼 보인다. 큰 호박도 열매의 역할을 다하지만, 참깨 열매, 들깨 열매도 작은 열매 속에서 나오는 고소함이 가득하다. 작은 꽃 속에도 꿀맛은 달콤하다. 작은 나비 한 마리도 푸르른 하늘을 힘차게 마음껏 날아간다.

내일을 멋지고 재미나게 살고 싶다면 욕심 없이 작은 것부터 시작하라. 작은 게 매우 중요하다. 살아가면서 한순간 번개처럼 스쳐 지나가듯 떠오른 것도 중요할 때 적절하게 쓰이기도 한다. 작은 일을 보고 큰일을 알고, 얕은 곳을 보고 그 깊이를 헤아린다. 이는 지혜의 근본이다.

가장 좋은 것은 조금씩 찾아온다. 작은 구멍에서도 햇빛을 본다. 사람들은 산에 걸려 넘어지지 않는다. 그들은 조약돌에 넘어진다. 작은 것들이 중요하다. 작은 틈에서 새는 물이 커다란 배를 침몰시키고 거대한 댐을 무너뜨린다. 그러므로 작은 일들이 한없이 중요하다.

어렵고 힘든 삶 속에서도 작은 행복이 있기에 견딘다. 일상의 소소한 행복들을 키워 나가며 큰 행복을 만들어 가야 한다. 작을 것 같은 푼돈도 모으면 목돈이 된다. 꿀벌들이 꽃을 찾아 날아다니며 발바닥에 묻혀온 꽃가루의 작은 꿀들이 모여 꿀통을 채우는 모습을 보면 놀랍고 신기하다.

작은 새도 넓은 하늘을 부리로 찢으면서 길을 만들어 마음껏 날아간다. 이 세상을 그냥 아주 쉽게 살아가는 방법은 없다. 꿈을 가진 사람은 자신을 뛰어넘어 비상한다. 비상하고 싶다는 것은 모든 사람의 희망이다. 조금 부족하더라도, 조금 연약하더라도 꿈이 있다면 누구나 비상을 시작할 수 있다.

어떤 아픔도, 어떤 고통도 작은 희망만 있으면 일어서서 새롭게 도전하여 나갈 수 있다.

아주 작은 일도 소홀히 여겨서는 안 된다. 참다운 가치는 노력 없이 이루어지지 않는다. 작게 보이는 자투리 시간을 잘 사용할 때 효과적으로 일할 수 있다. 빈둥거리며 허송세월로 보내는 시간이 많으면 무능해진다. 나태해지고 자신감을 잃는다.

자신이 사용하는 시간을 한 번 계산해 본다면 깜짝 놀랄 만한 많은 시간을 아무 필요 없는 일에 무심코 허비하고 있다. 이 작은 시간을 꼭 해야 할 일에 활용해야 한다.

화가들을 바라보라. 백지 한 장에 화가의 손길로 그려지는 그림은 때로 명작이 된다. 화가의 손길은 살아 있는 그림을 그리고, 생동감 넘치는 그림을 그리고, 시선을 끌어 담을 그림을 그린다. 화가의 영혼과 정성을 쏟아부을 때 작은 붓끝에서 그림은 살아나고 사람들을 불러 모으고 시선을 사로잡는다. 화가의 손끝에서 그림이 그려지고 그

림이 살아나고 그림이 사람들의 마음에 잊지 않도록 새겨

진다.

처음 시작할 때가 가장 순수하고
아무런 거짓과 가식이 하나도 없다

풋풋하고 때 묻지 않은 마음이
깨끗한 초심이 가장 중요하다

초심이 줏대 없이 마구 흔들리고
찾아오는 욕심과 욕망에
함부로 사로잡히지 말아야 한다

사람의 마음이 거만하고
까칠하고 오만하고 교만하면
깨끗하고 순수했던 마음도
한순간에 사라지고 교활해지고
더럽혀지고 추해지고 악해지는 것이다

...

초심 _중에서

자기만의
스타일을 만들어라

삶을 멋지게 꾸리고 싶다면 자기만의 스타일을 만들어라.

자기 개성과 색깔이 있는 사람이 관심과 사랑을 받는다. 아무도 흉내 낼 수 없는 자기만의 것이 있어야 한다. 그러면서도 다른 사람들이 공감할 수 있어야 한다. 새들은 자기 이름으로 운다. 꽃들도 자기 이름으로 꽃을 피운다. 자기만의 스타일을 만들 때 관심과 주목을 받는다.

누구나 자기만의 독특한 개성과 장점이 있다. 이야기 꾼들을 보면 그 사람만의 독특한 매력이 있다. 이야기를 풀어 놓을 때를 보면 정말 자신감 넘치게 사람들을 웃기고 울린다. 사람들의 마음을 사로잡는 힘은 바로 표현할 때 나타난다. 장점을 살려내는 사람은 치사하거나 옹졸하지 않다. 시야를 좁게 바라보는 게 아니라 세상을 넓게 바라보는 눈을 갖는다. 그리고 단점보다는 장점을 찾아내는 것을 즐겁게 여긴다. 자신의 장점과 남의 장점을 바라볼 수 있다는 것은 참으로 기분 좋은 일이다.

우리에게 감춰진 엄청난 잠재력을 나타내야 한다. 잠재력이란 밖으로 나타났을 때 자신도 몰랐던 엄청난 힘을 발휘하는 능력을 말한다. 따라서 잠재력을 찾는 것은 우리가 몰랐던 부분을 알아내어 영역을 넓히는 과정이다. 우리는 자신의 장점을 살려야 한다.

자기 스타일을 확고하게 만드는 것은 자기 역할을 잘하는 것이다. 삶을 평범하게 살아가는 사람은 자기 스타일이 없다. 그런 사람은 여럿이 모여 있어도 누가 누구인지 구별조차 되지 않을 정도로 개성과 스타일이 없다. 센스가 뛰어난 사람이 자기 스타일을 만든다. 센스가 있는 사람은 눈치가 재빠르고, 뛰어난 재치가 있으며, 때와 장소에 어울리는 행동을 한다. 센스가 있으면 두뇌 회전이

재빠르다.

사람들과 소통을 잘하고 일의 능률을 올릴 줄 안다. 멋지게 살아가는 사람은 분명히 자기 스타일을 가지고 있다. 기쁘고 즐거운 마음과 분명한 확신으로 자기 일을 멋지게 해낸다.

새로운 길은 언제나 만들어지고 만들어 가는 것이다. 이 세상의 모든 길은 누군가 제일 처음 길을 걸은 사람의 발걸음이 있었기 때문에 시작된 것이다.

색다른 것은 좋은 것이다. 사람들에게 매력을 느끼게 하고 시선을 끄는 사람은 자기 스타일이 있다. 자기 스타일을 만들고 싶다면 큰 나무에서 배워라. 큰 나무가 자기 스타일을 만들기 위하여 오랜 세월 말없이 굳건히 서서 지켜온 모습을 배워야 한다.

흔들리지 않는 견고함과 인내심으로 성장하여 하나의 작품이 되려면 오래 견디는 것을 배워야 한다. 한순간 잘되는 것은 물거품이다. 자기만의 스타일은 하루아침에 만들어지지 않는다. 각고의 피나는 노력과 땀의 결과다. 뚜렷한 개성은 오랜 세월에 걸쳐서 만들어지고 다듬어진다.

그래 살자 살아 보자
절박한 고통도 세월이 지나가면
다 잊히고 말 테니

퍼석퍼석하고 처연한 삶일지라도
혹독하게 견디고 이겨 내면
추억이 되어 버릴 테니

눈물이 있기에 살 만한 세상이 아닌가
웃음이 있기에 견딜 만한 세상이 아닌가
사람이 사는데 어찌 순탄하기만 바라겠는가

살아가는 모습이 다르다고 해도
먹고 자고 걷고 살아 숨 쉬는 삶에
흠 하나 없이 사는 삶에 어디에 있는가

서로 머리를 맞대고 열심히 살다 보면
눈물이 웃음이 되고
절망이 추억이 되어 그리워질 날이 올 테니

좌절의 눈물을 닦고 견디면서
그래 살자 살아 보자

그래 살자 살아 보자

차이를
즐겨라

큰 나무만 아름다운 것이 아니다. 작은 풀꽃들도 마음껏 뽐내며 피어난다. 키가 큰 메타세쿼이아 나무도 멋지고 아름답지만 이름 모를 키가 작은 야생화도 아름답다. 크고 보기 좋은 과일도 맛이 있지만 작고 작은 참깨, 들깨도 작은 씨앗 속에 고소함이 가득하다.

세상은 크고 작은 모든 것들은 조화를 이루어 아름다운 풍경을 만들고 있다. 빗방울 하나는 아무것도 아니지만 빗방울이 모이면 시냇물이 되고 시냇물이 모이면 강물이 되고 강물이 모이면 바다가 된다.

맨 꼴찌면 어떤가? 가장 맨 밑바닥이니 올라갈 곳밖에

없다고 생각하면 희망적이지 않은가? 차이가 있기에 도전하는 마음이 생기는 것이 아닌가? 비바람, 폭풍우, 눈보라의 시련을 견디고 절망, 고난, 시련을 이겨 내야 삶다운 삶이다. 자기를 이겨 내고 나태와 무기력을 극복할 수 있을 때 자기가 원하는 삶을 살 수 있다.

사람들은 서로 차이가 날 때 갈등을 느끼고 마음에 벽이 생긴다. 그러나 대단한 사람과 나약한 사람과 차이도 알고 보면 한 걸음 차이다. 사람들 간의 차이가 크지 않다. 다만 사소한 차이만 가졌을 뿐인데 결국 큰 차이로 벌어지게 되는 것은 왜일까. 그것은 긍정하는 마음과 부정하는 마음의 차이에서 비롯된다.

사람들의 꿈과 생각의 크기가 차이를 더 크게 만든다. 이 세상의 수많은 차이 중에 삶 속에서 사랑의 기쁨을 아는지 모르는지의 차이도 매우 중요하다.

우리 집은 다른 집과 차이가 나도록 가난했고 나는 꼴찌였다. 부모님은 나를 학비가 전혀 들지 않는 지금의 국악 중, 고등학교(당시는 국악사 양성소)에 들어가기를 원하셨다. 음악에 소질이 전혀 없는 나는 다른 친구들과 음

악 실력의 차이로 학교생활 6년 동안 절망과 고통 속에 지내야 했다. 가야금을 전공했으나 가야금을 뜨는 것이 아니라 내 가슴을 뜯었다. 말이 꼴찌지 중, 고등학교 6년 동안 꼴찌를 하면 선생님들이 싫어하는 학생이 되고 학교 친구들 사이에도 어딘지 모르게 존재감이 줄어든다.

그러나 우리 어머니는 그런 나에게 용기를 주셨다. 나는 5남매 중에 넷째였다. 어머니는 가끔 나를 안아주시며 '아들아! 너는 이 담에 크게 쓰임을 받을 것이다. 엄마가 너를 위해서 늘 기도하고 있다!'고 말씀하셨다. 나는 엄마에게 말했다.

"엄마! 내가 공부를 잘해요! 얼굴이 잘생겼어요! 집안이 좋아요! 몸이 건강해요? 어떻게 큰 사람이 돼요!"

어머니는 채소 장사를 했기에 늘 손에는 흙이 묻어 있었고 그 손으로 내 엉덩이를 치면서 말씀하셨다.

"기도하는 엄마가 된다면 되는 거야. 아들아!"

나이가 든 지금도 돌아가신 어머니의 말씀이 귓가에 쟁쟁하다. 나약하고 초라한 아들에게 용기를 주시는 어머니의 말씀이었다.

지금 생각해 보면 어머니가 말씀하신 대로 되었다. 차이를 이겨 내는 가장 좋은 방법은 차이를 즐기는 것이다. 나는 꼴찌였기에 올라갈 길밖에 없었다. 노력하면 할수록 올라갔고 차이가 사라졌다.

용혜원 시인의 희망시

늘 지켜보며
무언가를 해주고 싶었다

네가 울면 같이 울고
네가 웃으면 같이 웃고 싶었다

깊게 보는 눈으로
넓게 보는 눈으로
너를 바라보고 있다

바라보고만 있어도 행복하기에
모든 것을 포기하더라도
모든 것을 잃더라도
다 해주고 싶었다

관심

표정이 밝아져야
삶이 밝아진다

구름이 사라지고 나면 태양은 더 밝게 빛나 보인다. 태양의 표정이 살아나는 거다. 표정이 살아야 생동감이 넘친다.

해맑게 웃는 아이들의 표정을 보라. 바라보기만 해도 힘이 나고 행복하고 세상 근심과 걱정이 다 사라진다. 얼굴로 행복을 표현하는 방법은 무엇인가? 밝게 웃는 것이다. 활짝 행복하게 웃는 것이다.

얼굴에 웃음이 사라지고 그늘이 진다는 것은 분명 어려움이 찾아왔거나 불안한 일이 생겨났다는 표시다. 우리나라 속담에 '웃으면 복이 온다.'라는 말이 있다. 얼굴이 행복해 보이지 않는 사람은 귀신만도 못한 삶을 살고 있어야 한다. 사람이면 사람답게 살아야 한다. 웃음꽃이 활짝 피도록 행복한 삶을 마음껏 누리며 살아야 한다.

사람이 이 세상에 태어나는 최초의 모습은 울고, 쥐고, 발버둥 치는 모습이다. 사람들은 평생 죽을 때까지 그런 모습으로 살아간다. 삶이란 사람이라는 글자가 줄어서 만들어진 말이라고 한다. 사람은 혼자 울고 태어나 몇 번 웃으며 살다가 죽을 때는 남만 실컷 울리고 죽는다. 이 얼마나 안타까운 삶인가. 그러므로 우리는 행복하게 살아가며 활짝 웃으며 살아가야 한다.

매일매일 반복되는 똑같은 일상이 지루하고 권태가 나고 짜증이 날 때, 기분을 확 전환해 주는 것이 웃음이다. 답답하고 갑갑했던 삶에 숨통을 확 뚫어주는 것이 웃음이다. 삶을 삶답게 살아가도록 힘을 살려주는 것이 바로 웃음이다.

이 세상에서 가장 아름다운 꽃은 행복한 얼굴에서 피어나는 웃음꽃이다. 웃는다는 것은 날마다 행복해지는 방법이다. 웃음을 찾으면 모든 것을 찾는다. 웃음을 잃으면 모든 것을 잃는다. 웃는다는 것은 날마다 행복하게 살아가고 있다는 표현이다.

이 세상에서 가장 위대한 힘이 들어 있는 것은 마음이다. 그러므로 마음이 화창하도록 웃고 살아가야 한다. 가장 불행한 사람은 넋 나간 듯 살아가는 사람들이다.

표정이 우울하고 어두운 사람은 아무에게도 호감을 주지 못한다. 밝고 쾌활하면 사람들이 찾아온다. 웃고 즐겁게 일해도 인생이 짧기만 한데 칙칙한 모습으로 한탄하며 지낸다면 불행만이 찾아와 노크할 뿐이다.

표정이 어두워지는 것은 부정적인 생각과 불길한 생각 때문이다. 표정이 딱딱하게 굳은 얼굴로 살아가는 사람은 삶에 재미를 느끼며 살 수 없다. 그러나 마음껏 웃고 살면 얼굴이 환하게 펴지고 마음도 넓어지고 하는 일마다 잘되고 풍요로워진다.

인생이란 얼마나 멋진 삶인가? 할 일이 있고 내일이 있고 신나는 일들을 만들 수 있으니 얼마나 멋진 일인가? 웃자! 웃고 살자! 두 번 사는 삶도 아니고 단 한 번만 사는 삶이다. 마음껏 웃고 살자.

우정도 산길과 같아서 서로 오가지 않으면 잡풀만 무성해진다. 홀로 고독에 갇혀 외로움에 물씬 젖어 있을 때 누군가가 불쑥 나타나 주면 무척 반가워 눈물이 날 것이다. 먼지 가득 낀 기억에 그리움의 온기를 모아 놓으면 따스한 정이 온몸에 퍼져 그리움도 쑥쑥 자란다.

당신 웃음 한 번에도
세상은 잠시 동안
환해집니다

당신 웃음

PART 2
지금, 이 순간은
꿈을 이루는 시간이다

시간이 흐를수록 눈앞에

내가 원하던 순간이 펼쳐지고

점점 더 가까이 다가올 것이다

지금, 이 순간은 내 삶 속에서

단 한 번 찾아오는 소중한 시간이다

실패의 고난을
뛰어넘어라

우리의 삶은 소중하다. 그러므로 자기의 삶을 최고의 걸작품으로 만들어야 한다. 성공하는 사람들의 특징은 실패의 고통을 피해 가는 것이 아니라 정면으로 부딪치며 뚫고 나간다. 실패마저 성공으로 만들어 놓는 힘을 가지고 있다.

추운 겨울이 지나고 봄이 오면 온 세상이 초록의 희망으로 가득하다. 씨앗들이 흙을 뚫고 새싹이 되어 나왔기 때문이다. 우리도 실패를 극복하면 희망이 보이고 행복이 찾아온다.

실패를 겪고 어려움에 맞닥뜨려졌을 때 마음의 움직

임을 알 수 있다. 피해를 당하였을 때 겸손이 얼마나 중요한지 알게 된다. 고민은 우리의 용맹을 시험하고 유혹은 우리의 저력을 시험한다. 우정은 우리의 의리를 시험하고 실패와 끈기를 시험한다.

실패하고 거절당하는 것은 나쁜 일이 아니다. 오히려 그것은 힘을 준다. 우리가 살아가면서 그것을 피할 수 없다. 가치 있는 일을 성취하려면 그 과정에서 고통을 경험해야 한다. 번창한 삶의 꿈을 실현하려면 실패와 거절을 감수하고 계속 전진해야 한다.

쉬지 말라. 계속 투쟁하라. 실패를 경험하라. 고통이 없이는 아무것도 얻지 못한다. 모험이 없으면 보상도 없다. 성공한 사람에게는 실패도 추억이 되고 자랑거리가 될 것이다. 우리는 실패의 고통을 이겨 내야 한다.

과거를 잊고 던져 버려라. 흘러간 물은 물레방아를 돌리지 못한다. 오늘은 자기 삶의 마지막 남은 날의 첫날이다. 이 얼마나 소중한 삶인가? 부족하다고 포기하면 나약해진 모습만 보인다. 패배하고 싶으면 과거에 매달려 지나간 세월만 보라. 혼란해지고 싶으면 늘 방해하고 괴롭히는 주변만 보라. 겁을 먹고 싶으면 알 수 없는 것을 보고 성공하고 싶으면 희망의 내일을 보라.

위기가 없이는 아무런 발전이 없다. 위기 앞에 포기하면 최악이지만 위기를 변화의 기회로 삼고 주어진 환경을 잘 안다면 위기는 나를 알아본다. 시련이나 역경을 부정적으로 보면 저주가 되고 긍정적으로 보면 축복이 된다. 고난과 시련으로 사방을 포위당했다면 절망스럽다. 그러나 용기 있게 꿈과 희망을 펼쳐서 결국에는 승리를 만들어 낼 수 있다. 절망에 포위당했어도 하늘은 열려 있고 희망은 있기 때문이다.

고통을 이겨 내고 성공하는 것은 패배 속에서 승리를 찾고 절망 속에서 희망을 찾아내는 일이다. 가시나무에서 장미꽃이 피어나는 것을 보아야 한다. 실패를 딛고 성공으로 우뚝 솟아오르는 것은 마치 어둠을 뚫고 떠오르는 태양을 바라보듯이 벅찬 감동을 몰고 온다. 가능성을 믿고 시련과 고통의 순간을 성공의 시간으로 바꾸고 실패를 성공의 기회로 만드는 것이다.

용혜원
시인의
희망시

하늘이 무너진 듯 땅이 꺼진 듯이
비참하고 처참하게 실패했을 때
포기하고 무참하게 쓰러지지 말고
뒷걸음치며 달아나려고 후다닥 도망치지 마라

목표가 점점 더 멀어져가는
손쉬운 포기는 너무나 어리석다

실패가 있기에 도전하고
무너졌기에 다시 쌓는 것이고
쓰러졌기에 다시 세우는 것이다

가슴이 쓰리고 아픈 실패가 있기에
손닿을 것 같은 기대감에 용기가 나고
성공했을 때 그리도 아름다운 것이다

실패의 순간에 다가오는 절망의 기운을
몽땅 훌훌 털어 버리고
실패에서 일어나는 투쟁을 하며 다시 시작하라

이 세상 누구를 바라보아도
실패가 하나도 없는 성공은 없다

...

실패했을 때 _중에서

희망이 가득한
말을 해라

사람들은 자기가 한 말 대로 살아간다. 그래서 희망 적인 말, 사랑의 말, 선한 말을 하며 살아가야 한다. 남을 비난하기 좋아하고 비판만 일삼는 사람들의 얼굴을 보라. 얼마나 흉하게 찌그러져 있는가?

하루를 시작할 때 희망에 찬 말로 시작하면 삶이 달라 진다. 삶에 확신이 생기고 힘이 솟고 기대감이 넘친다. 우 리가 살다 보면 절망을 느낄 때도 있다. 그러나 그것을 이 겨 내는 것이 삶이다.

안톤 슈낙은 말했다.

"누가 모르겠는가? 행복은 멀리 있는 것이 아니라 바

로 가까이 있다는 것을, 다만 그쪽으로 손길을 내뻗는 사람만이 행복을 만질 수 있다."

우리가 긍정적이고 희망에 찬 말을 할 때 삶의 모습이 달라진다. 희망이 가득한 말을 많이 해야 한다.

꿈은 가슴 한복판에 내일을 위한 희망의 길을 열어준다. 꿈은 미래를 기대하게 하고 '내일은 어떤 좋은 일이 생길까?' 하는 설렘으로 모든 일에 열정을 쏟게 한다. 오늘은 먹구름이 끼고 세찬 비가 내려도 내일 날씨는 분명히 화창하고 희망의 태양은 찬란하게 떠오를 것이다. 비가 내리고 나면 아름다운 일곱 색깔 무지개가 뜬다.

우리는 모두 성공과 좌절, 불만 그리고 승리 등 이제까지 살아오면서 경험한 온갖 일에 둘러싸여 살아간다. 매일 어머니와 아버지, 그동안 우리에게 도움을 준 모든 사람, 넓게는 알고 지낸 모든 사람과 더불어 살아간다.

우리는 지금까지 많은 경험을 하면서 오늘에 이르렀다. 그러나 우리가 겪은 지난 일들이 우리의 미래를 결정 짓는다고 할 수 있을까? 어느 정도 영향을 미칠 수는 있지만 모든 인생을 좌우하지는 않는다.

미래는 우리가 희망을 품고 달려갈 때 확실하게 다른 모습으로 행운을 안겨준다. 우리의 행복은 결코 멀리 있는 것이 아니다. 희망을 볼 수 있는 눈만 가지고 있다면 누구나 행복할 수 있다. 우리가 희망적으로 살아가려면 사람들과의 호의적인 관계와 베풂이 있어야 하고 희망의 언어로 주변을 밝게 해주는 선도자가 되어야 한다.

희망을 이야기하면
사람들의 얼굴은
밝고 환하게 빛난다

마음이 열리고
힘이 샘솟고 용기가 생겨서
모든 일에 최선을 다하고
내일을 향하여
새로운 도전을 하고 싶어 한다

어제보다 오늘을
오늘보다 내일에 펼쳐질 일들을
기대하며 살아간다

땀 흘리는 기쁨을 알고
어떠한 고통도 두려움도 없이
기도하며 이겨 내고
서로를 신뢰해 주며 사랑을 나눌 수 있는
마음의 여유로움이 있다

희망을 이야기하면
사람들의 눈은 빛을 발한다
...

희망을 이야기하면 _중에서

지금 해야 할 일을
미루지 마라

지금 해야 할 일을 미루지 마라. 꿈도 미루지 마라. 사랑도 미루지 마라. 여행도 미루지 마라. 하고 싶은 일을 미루지 마라. 오늘 할 일을 내일로 미루지 마라. 시간은 용서하지 않는다.

밀리면 다시 할 기회가 오지 않을 수도 있다. 때와 시기와 기회를 잘 포착하여 행동으로 옮겨야 한다. 어떤 일을 해야 할 때, 중간에 포기하고 사라지면 원하던 일을 이룰 수가 없다. 등산가도 산에 오르다가 포기하면 산 정상에 오를 수가 없다. 성공하려면 중간에 절대로 포기하지 말아야 한다.

행복하게 지내는 사람은 노력가이다. 게으름뱅이가 행복하게 사는 것을 보았는가! 누구도 참된 행복을 누릴 수 없기 때문이다. 수확의 기쁨은 그 흘린 땀에 정비례하는 것이다. 행복이란 후회가 없는 만족이다. 후회 없는 삶이란? 후회할 것을 만들지 않는 삶이다. 후회는 하지 않고 자꾸만 미루기 때문에 찾아온다.

외로움이 메말라 까칠하고 그리움이 쩍쩍 갈라져 가슴에 멍이 드는 데 갈 곳이 없을 때도 있다. 서럽고 외로운 외톨이가 되었다. 서러움이 겹겹이 박혀 이끄는 대로 가고 싶은데 불러도 올 사람이 없다. 하지만 세상은 모든 길로 연결되어 있다. 스스로 감옥을 만들어 살 필요는 없다. 넓은 세상을 넓은 마음으로 살아야 한다.

우리에게 다가오는 불행과 고통은 사랑으로 이겨 낼 수 있다. 불행 중에 굴하지 않고 새로운 변화를 가져와야 한다. 괴테는 셰익스피어와 호메로스와 함께 세계적으로 유명한 시인이다. 그는 83세까지 천재적 재능을 발휘하여 작품을 썼다. 15세 때 7개국 언어를 마음껏 구사할 수 있는 실력을 쌓았다. 아버지의 영향을 받아 법률 공부를 하였으나 문학 분야에 큰 뜻을 품었다. 그의 젊은 날의 사랑을 담은 <젊은 베르테르의 슬픔>은 당대는 물론 지금까지 읽히는 명작이다. 괴테는 지상에서 가장 불행이라고 말할 수 있는 전쟁 속에서도 흔들리지 않고 과학과 문학 그리고 미술의 세계에 몰두했다. 피난길에서 나폴레옹을 만난 적이 있었는데 나폴레옹이 괴테를 가리켜 이렇게 말했다.

"저 사람이야말로 참다운 인간이다!"

사람이 죽는 데 1분도 안 걸리고 장례식도 얼마 안 걸린다. 삶이란 참으로 한순간이다. 그러므로 멋지고 행복하게 살아야 한다. 자기 삶에 최선을 다하여 할 일을 미루지 말고 살아야 한다.

세계를 정복한 알렉산더 대왕은 '내가 죽으면 두 손을 관 밖으로 내어 놓아라. 세계를 정복해도 빈손으로 떠난다라는 것을 보여주고 싶다.'고 말했다. '나는 할 수 없다! 나는 끝났다!'라는 말은 가장 불행한 말이다.

승자의 주머니 속에는 꿈이 들어 있으나 패자의 주머니 속에는 욕심이 들어 있다. 얼마나 많은 사람이 멋진 인생을 꿈꾸는가? 또 얼마나 많은 사람이 꿈도 없이 다람쥐 쳇바퀴 돌듯이 아무 변화 없이 살아가는가? 자기의 소중한 것을 찾아내면 삶을 가치 있게 살아갈 수 있다.

용혜원
시인의
희망시

맨몸뚱이 하나로
거친 세상과 맞부딪치며
온갖 시련을 이겨 내야
참맛을 알 수 있다

홀로 버려져
의지할 곳 없어
울음만 터져 나와도
가야 할 길을 가야 한다

막막하기만 할 때
좌절의 슬픔을 알기에
이를 악물고 뛰어들어
헤쳐 나가야 한다
...

삶의 참 의미 _중에서

내 안의 잠재 능력을
꺼내어 써라

씨앗 속에는 큰 나무 한 그루가 숨어 있다. 이와 같은 놀라운 잠재 능력이 사람에게도 있다. 이 잠재 능력을 마음껏 꺼내어 써야 한다. 자신에게 능력이 없다고 생각하는 사람은 늘 근심이 가득하고 불안 속에 나약한 모습으로 살아간다.

'한다'라는 사고와 '못한다'라는 사고의 결과는 엄청난 차이를 나타낸다. 잠재 능력을 마음껏 꺼내어 쓸 수 있는 사람이 진정한 프로다.

자기 능력을 분산시켜서는 안 된다. 힘은 에너지들이 결합할 때 생긴다. 잠재 능력은 성공을 만드는 크고 놀라운 힘이다. 삶 속에서 잠재 능력을 발견할 때 감동하며 살아갈 수 있다. 능력이 없는 사람은 매사에 부정적이고 따분하고 불만이 많다. 잠재 능력을 찾아내어 사용하는 것은 무능력을 능력으로 바꾸는 작업이다.

죽기를 각오한다면 못 할 것이 없다. 성공하는 사람들은 평생 자기 일의 모든 것을 다 걸고 일한 사람들이다. 항상 지금보다 더 발전된 삶을 꿈꾸며 살아야 한다. 우리는 자신의 삶을 선택할 수 있다. 지금보다 나은 자신, 지금보다 행복한 자신, 지금보다 능력 있는 자신을 선택하고 만들어 갈 수 있다.

자기의 능력을 꺼내 쓰는 사람은 멋진 사람이다. 멋이란 눈으로 볼 수 있고 마음으로 느낄 수 있다. 멋이란 자기의 장점과 좋은 성품과 재능을 삶 속에서 적절하게 표현하는 것이다. 수필가 피천득은 '맛은 얕고 멋은 깊다. 맛은 현실적이고 멋은 이상적이다. 정욕 생활은 맛이요, 플라토닉 사랑은 멋이다.'라고 말했다.

수필가 김태길은 '들판에 무리 지어 핀 코스모스가 바람에 하늘거리는 광경을 보았을 때 맛을 느끼고 멋을 말

한다.'라고 말했다. 정말 멋있는 사람은 옷을 잘 입거나 돈이 많은 사람이 아니라 오랫동안 동행하기에 편안하고 좋은 사람이다.

사과를 반으로 쪼개면 그 속에는 씨앗이 두 개가 있다. 그 씨앗 속에는 수만 개의 사과가 들어 있다. 우리도 마찬가지다. 아직도 많은 사람이 자기 능력을 모르고 살아간다. 우리는 이 능력을 꺼내 써야 성공하는 삶을 산다. 자기가 하는 일에 심혈을 기울여 가치를 창출해야 한다.

아무리 좋은 씨앗이라도 종자 보관소에 보관되어 있으면 아무런 소용이 없다. 자신의 잠재력과 능력을 최대한 발휘할 때 삶은 새로운 변화를 시작한다. 자신에게 능력이 있다고 수천 번 외치기만 한다면 무슨 소용이 있는가? 능력을 발휘하여 현실에서 분명하게 보여야 한다.

우리는 내일을 향하여 힘차게 도약하는 재미를 느끼며 살아야 한다. 강한 능력을 갖추고 도약하는 삶의 재미를 가지면 즐겁고 행복해진다. 지친 어깨에 힘을 주고 행복한 미소를 지으며 살고 싶다면 열정을 갖고 잠재 능력을 사용하여 도약해야 한다. 단 한 번뿐인 삶을 신나고 멋지게 열정적으로 살자! 소낙비가 쏟아져 내리듯이, 파도가 거세게 치듯이, 바람이 몰아쳐 불듯이 힘차게 살자!

용혜원
시인의
희망시

갈등과 오해의 아무런 벽이 없이
활짝 열린 마음의 길을
부담 없이 홀가분하게
서로 오갈 수 있다면
마음이 통하는 사이다

마음의 길을 언제나 어느 때나
서로 오갈 수 있다면
대화가 잘 이루어지고 마음도 하나가 되어
어떤 일, 무슨 일도 편하게 할 수 있다

마음이 통하지 않고 불신이 정곡을 찌르고
마각이 드러나듯 서로 시기하고 질투하고
만신창이가 되어 아파하고 괴로워하며
고통 속에 살아가는 사람이 얼마나 많은가
...

마음의 길 _중에서

내일을 위하여
멋지게 상승 기류를 타라

인생 코스를 상승 기류로 전환하고 바꿔 타라!

공기가 따뜻해지면 밀도가 작아진다. 그러면 차가운 공기는 무거우니까 내려오고 따뜻한 공기는 올라간다. 따뜻한 공기는 주위보다 가벼워서 올라가려는데 이를 상승 기류라고 한다.

헬리콥터가 수직으로 날아오르고 앞으로 내달릴 수 있는 것은 윗날개와 꼬리 날개가 함께 돌기 때문이다. 윗날개만 돌면 공중으로 뜰 수는 있지만 제자리에서 맴돌기 때문에 기체도 빙글빙글 돌기만 한다. 뒤에 있는 꼬리 날개는 기체가 맴도는 걸 막아주고 또 높이 날아오르는 것을 전진하게 해준다.

상승 기류를 가로막는 장애물 세 가지가 있다. 첫째, 시기, 조건, 자격 여러 가지를 탓하는 것이다. 둘째, 시도도 못 하고 열정이 없다. 셋째, 나는 할 수 없다고 도전하지도 않는다.

아침에 동쪽 하늘에 붉게 떠오르는 태양을 바라보라. 어둠을 뚫고 찬란하게 빛을 발하는 것이 얼마나 멋지고 아름다운가? 삶은 단 한 번밖에 살 수 없다. 고귀하고 소중한 삶이다. 사람들은 누구나 신나고 멋지게 살고 싶어 한다. 인생이란 자신의 이야기를 만드는 시간이다.

시계는 지금도 삶을 갉아먹는 소리를 내며 돌아가고 있다. 인생을 멋있게 살아가려면 자기가 아주 소중한 사람인 것을, 사랑받기 위해서 태어난 사람인 것을 알아야 한다. 자신 있게 세상의 불의와 맞서서 이겨야 한다. 안전한 울타리를 벗어나 과감하게 도전하여 나가야 한다.

이 세상에 완전하고 완벽한 사람은 없다. 모두가 완벽하다면 발전할 필요도 없고, 변화할 필요도 없고, 새로운 시도를 할 필요도 없다. 시련과 고통을 극복하고 자신의 뜨거운 열정으로 과감하게 상승 기류를 타며 삶을 송두리째 흔들어 놓아야 한다.

역경을 피하지 말고 해결책을 찾아야 한다. 장애물이 다가와도 초조해져서 목표 달성이 늦어지지 않도록 해결하여 나가야 한다. 고난과 역경이 다가와도 기회가 찾아온다면 그것을 명심하고 강한 마음으로 이겨 내야 한다. 담대한 사람 앞에는 어떤 장애물도 없다. 망설이는 태도가 가장 큰 문제이다. 결단과 결심을 하면 새로운 길이 열린다. 진흙탕에서도 연꽃은 피어난다.

이스라엘의 여성 정치인 골다 메이어는 71세에 수상이 되었다. 18세기 후반 영국이 부강해지는 기초를 닦았던 윌리엄 피트는 24세에 영국 수상이 되었다. 극작가 조지 버나드 쇼가 마지막 희곡을 발표했을 때는 94세였다. 모차르트는 7세 때에 첫 번째 작곡집을 출간했다. 벤저민 프랭클린은 16세에 첫 칼럼집을 출간했다. 미켈란젤로는 71세 때에 시스티나 성당 벽화를 그렸다. 슈바이처는 89세 때에도 의사로서 수술을 담당했다. 윈스턴 처칠은 65세에 영국 수상이 되었다. 찰리 채플린은 76세 때에도 영

화감독을 했다. 괴테는 80세에 고전 <파우스트>를 탈고
하였다. 토스카니니는 90세까지 20세기 대표 지휘자로
활동했다. 피카소는 92세까지 창작 활동을 하였다. 루빈
스타인은 89세까지 카네기 홀에서 연주했다. 피터 드러커
는 90세 이후에도 창작 활동에 몰두했다. 에디슨 82세까
지 발명에 몰두하였다. 파블로 카살스는 95세에도 하루에
6시간씩 첼로 연습을 했다. 절망을 끄고 희망을 켜라!

용혜원
시인의
희망시

하루의 일과를 끝내고
편안하게 잠드는 밤
홀가분하게 모든 것을 내려놓고
편안하게 단잠을 자며
행복한 꿈을 꾸자

지금, 이 순간이 소중하다

지금, 이 순간은 지나가고 떠나면
다시 찾아오지 않는 소중한 시간이다
...

행복한 꿈 _중에서

삶을
마음껏 펼쳐라

우리는 환경이나 조건 때문에 삶을 포기하는 일은 없어야 한다. 살아 있는 작은 물고기는 물살을 거슬러 올라간다. 그러나 물고기가 자라도 죽어 있으면 그냥 물살에 둥둥 떠내려가고 만다. 우리도 마찬가지다. 자신감 없이 흐르는 세월을 따라 흘러가듯 살아가는 것처럼 어리석은 일은 없다. 이 시대를 바로 보고, 바로 느끼고 내일을 바라보면서 자신감 있게 살아가야 한다.

나약하고 연약하면 실패의 길로 쉽게 빠져든다. 어떤 일에 전념하고 성공하려면 삶을 마음껏 펼쳐야 한다. 무엇을 하든지 자신감을 가져야 한다. 가령 자신이 활동하는 단체에서 갑자기 연극을 하게 되어 배역을 맡을 때도 멋진 배우가 된 것처럼 자신감 있게 맡은 역할을 해낸다면 관객들에게 박수갈채를 받는다. 모든 일은 실천과 행동에서 시작한다.

우리의 마음은 방과 같다. 용도에 따라 방의 쓰임새가 달라진다. 방에다 밥상을 갖다 놓으면 금방 식당이 된다. 방에다 책상과 책꽂이를 갖다 놓으면 공부방이 된다. 방에다 방석을 깔아 놓고 차를 대접하면 응접실이 되고 이불을 깔면 침실이 된다. 요강을 갖다 놓으면 화장실이 되고 담요를 깔고 화투를 치고 있으면 금방 도박장이 된다. 우리의 마음도 무엇을 주장하느냐에 따라 달라진다. 우리의 마음 방에는 꿈과 비전과 자신감을 넣어 두어야 한다.

'실패하면 어떻게 하나?' 하는 걱정과 '살 될까?' 하는 걱정만 하기보다는 '할 수 있다.'라는 마음가짐이 중요하다. 일을 하면서 피할 길부터 먼저 열어 둔다는 것은 실패를 먼저 예상하기 때문에 그만큼 자신이 하는 용기와 자신감이 없다는 것이다.

실패를 극복하고 나면 힘이 생긴다. 때로는 실패가 더

아름다울 때가 있다. 우리는 실패에서 많은 교훈과 힘을 얻는다. 위대한 사람은 시행착오를 이겨 내고 실수와 실패를 이겨 낸다. 고난과 역경이 두려워 시작도 못한다면 어리석은 일이다. 시련이 없는 성장은 없다. 고통의 시간은 내면의 소리를 듣게 하여 자기를 다시 점검하게 하는 소중한 시간이다.

기쁜 일에 축하해 주고, 감동이 넘치는 일이 있을 때는 감사를 나누기 위한 축제를 멋지게 열어야 한다. 온 세상에 소문이 떠들썩하도록 환호하고 손뼉 치며 모두가 멋지게 화답할 수 있도록 한다.

우리의 삶은 마라톤과 같다. 처음 출발이 빠르다고 끝까지 빠른 것도 아니고, 출발이 조금 늦었다고 반드시 마지막까지 늦은 것은 아니다. 중요한 것은 처음부터 끝까지 최선을 다해서 달릴 끈기와 능력이 있어야 한다.

나의 기회는 내가 만들고
나 자신 스스로가 만들어 내는 것이다

기회는 멈추지 않고
나에게 찾아왔을 때
한순간에 붙잡지 않으면
눈 깜짝할 사이에 없던 것처럼 사라지고 만다

기회는 원하는 사람들
기회는 바라는 사람들
기회는 찾는 사람들
기회는 기다리는 사람들에게 찾아온다

기회를 확실하게 붙잡으면
열정이 생기고 용기가 생기고
자신감이 생기고, 도전 정신이 각축을 벌인다

기회가 찾아왔을 때 놓치지 말고
누구나 붙잡고 사용할 수 있어야 하고
기회가 없다면 스스로 만들어 내야 한다
…

기회 _중에서

자기가 원하는
일을 하려면 모험하라

자기가 원하는 일을 하려면 모험하라. 보이지 않는 내일에 자신의 꿈과 희망을 던져서 끌어당기는 것이다. 준비되지 않으면 언제나 모든 것이 두렵다. 살아가면서 갑작스럽게 큰일을 당하면 두려움에 떨리고 겁에 질린다. 당혹감에 어쩔 줄 몰라 허둥대고 두려움으로 가슴이 뛴다. 다리가 후들거리고 심장이 조여와 감당하지 못할 때도 있다. 그러나 그 순간에도 나는 존재하고 살아 있다는 것이다. 내 깊은 곳에서는 제자리를 찾고 싶어 한다. 그러므로 어떤 극한 상황도 돌파하고 극복할 수 있다. 삶의 기쁨도 누리고 살 수 있다.

모험이 없는 곳에는 성취도 없다. 우리들의 삶에는 실패란 단어는 없다. 실패는 성공을 이루는 한 단계일 뿐이다. 자신감을 가져라. 붕어빵 장수도 숙련된 사람과 초보자는 다르다. 악기를 연주하는 사람도 마찬가지다. 성공하려면 고통과 아픔, 실패와 절망이 있는 법이다.

성공한 사람들은 그 성공만큼 실패를 경험한 사람들이다. 그러므로 자신 있게 도전하는 정신이 필요하다. 시련을 이겨 내면 고통조차 더 아름답게 보인다. 삶에서는 언제나 고난의 언덕을 만나기 때문이다.

골칫거리가 생기면 고민하기보다는 행동으로 옮겨야 한다. 불평은 무언가 부족함을 느낄 때 찾아온다. 불평과 걱정을 줄이고 일정이 빠듯해도 여유를 가져야 한다. 아무리 좋은 목표가 있어도 물거품이 되고 심각한 위기를 만난다. 정상에 올라 봐야 기쁨을 알 수 있다.

나는 학창 시절에 비가 내리면 그 비를 맞으며 시를 온 가슴으로 외우고 다녔다. 비를 맞고 집에 돌아오면 어머니가 '또 비를 다 맞았구나!' 하시면 '마음이 쓸쓸해서요!' 대답하던 생각이 난다. 나는 시가 좋아서 시를 읽고 시를 쓰고 살았더니 시인이 되었다. 젊은 시절 시집이 읽고 싶은데 돈이 없어서 늘 헌책방을 찾아다니며 시집을 사서 읽었다. 지금 집에 있는 수많은 희귀본은 도리어 나에게 찾아온 축복이다. 많은 시인의 시를 읽고 만난 것은 시를 쓰는 데 크나큰 도움이 되었다. 모든 시인에게 감사를 드린다.

수많은 시집을 읽으면서 공감하고 즐거웠으며 고독했다. 쉽고 가장 편하게 다가오는 시를 쓰고 싶었다. 지금, 이 시대를 사람들과 공감하고 함께 느낄 시를 쓰고 싶었다. 내 시를 읽다가 감동한 많은 사람이 다른 이들에게 시를 읽어주고 나누는 것을 알았다. 시를 삼만 편 이상 쓰고 또 쓰고 있으니 나는 참 행복한 시인이다.

맛있는 음식을 먹으려면 음식점을 찾거나 스스로 만들어 먹어야 한다. 오늘을 성실하게 살아간다면 내일은 더 좋은 기회가 분명히 찾아오는 법이다. 자신에게 다가온 기회를 꼭 붙잡고 한 단계 한 단계 더 높여 나가며 찾아오는 것들을 반갑게 맞아야 한다.

내일을 향하여 도전하는 사람은
새로운 변화를 이루고 발전을 거듭하지만
도전하지 않으면 맨날 신세타령 속에 쇠퇴하고 만다

내일은 도전하는 사람들에게
기회를 주고 기쁨을 주고 감동을 준다

도전은 날마다 삶에 힘을 주고
용기를 주고 담력을 준다

어떤 위험과 역경과 시련과 고난이 닥쳐도
도전하는 사람들은 견디고 이겨 내며
힘들고 어려운 고난을 헤쳐 나가 성공한다

도전은 최후에 훌륭한 열매가 기다리기에
도전하는 매력과 도전하는 맛이 있다

성공은 도전하는 사람들의 몫이고
성공은 도전하는 사람들이 차지한다

…

도전 _중에서

자기의 장점을
충분히 살려라

누구나 자기만의 독특한 개성과 장점이 있다. 이야기를 잘하는 이야기꾼들을 보면 그 사람만의 독특한 매력이 있다. 그들이 이야기를 풀어 놓을 때면 사람들을 웃기고 울린다. 사람들의 마음을 사로잡는 힘은 바로 자신 있게 표현할 때 나타난다.

자신감 있는 사람은 치사하거나 옹졸하지 않다. 자기만의 시야에서 바라보는 게 아니라 다른 사람들과 세상을 넓게 바라보는 눈을 갖는다. 그리고 단점보다는 장점을 찾아내는 것을 즐겁게 여긴다. 자신과 남의 장점을 바라볼 수 있다는 것은 참으로 기분 좋은 일이다. 우리에게 숨은 엄청난 잠재력을 나타내야 한다. 잠재력이란 밖으로 나타났을 때 자신도 모르던 엄청난 힘을 발휘하는 능력을 가졌다. 따라서 잠재력을 찾는 것은 우리가 몰랐던 부분을 알아내어 영역을 넓히는 과정이다. 자신의 장점을 살려 자신감을 만들어야 한다.

살아가면서 좀 부족하다고 느껴질 때면 산에 올라가서 고함을 지르거나 마음껏 신나게 웃어 보라 가슴이 탁 터질 것이다. 신나게 노래를 마음껏 불러 보아도 좋다. 처음 비행기를 타면 화장실도 제대로 가지 못하는 사람도 있다고 한다. 불안감이 마음을 흔들어 놓기 때문이다. 그러나 일단 한 번 갔다 온 후에는 그렇게 편안할 수가 없다. 우리는 모든 것을 시도해 보아야 한다. 그리고 모든 것을 긍정적으로 받아들이는 것이 중요하다.

자신이 잘할 수 있는 것이 있다면 소낙비 쏟아져 내리듯이 열정을 다해 자기의 장점을 쏟아 내야 한다. 장점을 잘 찾아 나타내면 그만큼 당당하게 살아갈 수 있다. 장점을 살려 최대한 능력을 발휘한다면 깜짝 놀랄 엄청난 일들을 만들어 내는 것을 볼 수 있다. 노력은 성공을 꽃피어

내고 풍성한 열매를 맺게 한다.

삶은 자전거를 타는 것과 같다. 자전거는 오직 앞으로 나갈 때 균형과 평행을 유지한다. 자신이 원하는 대상과 성취욕이 없다면 만족이나 행복을 느낄 수 없다. 순간순간마다 다가오는 어려움과 문제를 어떻게 효과적으로 대처하느냐가 중요하다.

예술가에게는 타고난 끼가 있어야 한다. 남다른 열정과 연습이 있어야 한다. 다른 사람들과 공감하는 힘이 있어야 한다. 예술가의 최고 무기는 자신에게 충실한 것이고 가장 밑바닥의 길부터 걸어가는 것이다.

위대한 예술가는 최고의 작품을 만들어 낸다. 세계인들의 찬사를 받는 위대한 예술 작품에는 예술가의 고된 땀방울과 피나는 노력과 인내가 담겨 있다. 작가의 위대한 작품에는 작가가 살아온 삶의 고통과 노고가 숨어 있다.

쓸모없는 인생 꺼벙하여 가치가 없고
세상사 자기 일에 아무런 관심이 없고
무관심 속에 인정받지 못하고 있다

자기 스스로 깨닫고 알고 달라지면
아무 쓸모 없고 가치 없던 인생이
어디서나 쓸모가 너무나 많은
대단한 의미와 존재 가치가 있는
참다운 인생이 될 수 있다

고통 많고 곡절 많아 주목받지 못하고
고난이 많고 고민이 많아 무관심 속에
주목받지 못하고 내팽개쳐져 버림을 당한 듯
초라하던 인생이 존경을 한몸에 받는
쓸모 있는 인생, 가치 있는 인생이 되었다

쓸모 있는 인생이 되면
매사에 강한 추진력이 생기고
넘치는 힘과 역동감이 생기고
뜨거운 열정 속에 자신감이 살아 난다
...

쓸모 있는 인생 _중에서

꿈과 비전을
분명히 가져라

꿈과 비전은 삶을 새롭게 변화시킨다. 얼굴 모습을 밝게 하여 주고 당당하게 살아갈 힘을 준다. 꿈이 있는 사람은 표정이 밝다. 표정이 밝은 사람은 주변 사람을 사로잡는 힘이 있다. 올바른 자세와 당당한 모습은 사람들을 다스리는 힘을 만들어 준다. 표정이 환한 사람은 자신의 삶을 활기차게 살아간다. 그런 사람을 보면 기분이 좋아지고 함께 일하고 싶어진다.

희망을 품은 사람들은 하나같이 내일을 향하여 달려간다. 그들에게 꿈과 비전을 물어보면 분명하게 대답한다. 꿈이 있는 사람은 어디서나 태도가 당당하다. 꿈이 있는 사람은 삶의 여유가 있다. 성품이 따뜻하고 남의 가슴을 촉촉하게 적셔줄 여유도 있다. 남에게 기쁨과 감동을 주는 사람은 자신의 비전을 분명하게 이루어 가는 사람들이다.

누구나 실수하고 넘어지고 쓰러진다. 확신 있게 살아가며 남에게 기쁨과 감동을 주는 사람은 자기 비전을 분명하게 이루어 낼 힘이 있는 사람이다. 하루하루를 보람되고 의미 있게 살아간다면 모든 일에 생동감이 넘친다.

대나무는 씨앗을 심은 후 처음 4년 동안은 죽순이 하나 올라오는 것을 빼면 아무것도 보이지 않는다. 그 4년 동안 모든 성장은 땅속에서 이루어진다. 그동안 섬유질의 뿌리 구조가 형성되어 땅속 깊이 퍼져 나간다. 5년 정도 지나면 싹이 제대로 돋아나서 25m 높이로 자란다.

우리는 꿈과 비전을 분명히 갖고 도전하고 기다릴 때 그것이 이루어지는 것을 확인할 수 있다. 성공을 위해서라면 남을 움직이기 전에 내가 먼저 움직여야 한다. 성공한 사람들은 '없다', '잃었다', '한계가 있다'는 말을 절대로 하지 않는다.

하고 싶은 일이 있다면 걱정만 하며 주저하지 말고 자신 있게 실행해야 한다. '걱정은 속임수와 희미한 안개로 구성된 우리의 적이다.'라는 말을 기억하고 있어야 한다. 걱정은 우리에게 아무것도 안 해준다. 모든 걱정을 떨쳐버리고 시작해 나가는 것이다. 시간이 삶을 만든다. 가장 소중한 시간은 꿈과 희망에 투자해야 한다.

스스로의 삶을 어떻게 만드느냐에 따라 그 색깔이 달라진다. 인간은 성장을 멈추면 곧 늙어버린다. 천재란 성공한 미래를 바라보면서 노력하여 성취해 나가는 사람을 말한다. 실패와 성공은 어떻게 노력하느냐에 따라 결과가 나타난다. 끈기와 노력은 절망을 성공으로 바꾸어 주는 힘이 있다. 계속해서 노력하는 사람, 자신의 목표가 분명한 사람은 절대로 실패하지 않는다.

용혜원
시인의
희망시

비전은 보이지 않던 내일에
내가 원하는 모습으로
분명하고 확실하게 바라보는 것이다

내일의 삶을 위하여 분명하게
무엇을 어떻게 할 것인지
목적과 사명이 분명하면
행동이 시작되고 움직여 나가는 것이다

비전은 남이 보지 못하는
내일을 바라보고 마음에 확신을 갖는 것이다

비전은 내일을 향한
강한 힘이요 강한 능력이다

비전이 분명한 사람은
마음이 굳건하게 서서
어떤 경우에도 흔들림이 없다

오직 비전을 향하여
오직 비전을 이루기 위하여
몸과 마음을 던진다

                    ···

비전 _중에서

삶의 분명한 목표와
계획을 세워라

내일을 위한 분명한 목표와 계획을 갖고 살아야 한다. 삶의 목표를 분명하게 정하고 그것을 추진해 나간다면 어떤 방해나 훼방꾼도 물리칠 수가 있다. 일을 성취하는 힘이 생겨나고 확신이 선다. 시련과 고통이 인생의 빛나는 별이 되도록 살아야 한다. 즐겁고 유쾌한 모습으로 원대한 목표를 이루어 가는 모습은 멋진 영화의 한 장면처럼 아름답다.

누가 나를 도와주지 않을까, 혹시 행운이 나에게 찾아오지 않을까, 헛된 생각에 빠져들어서는 안 된다. 복잡하고 분주한 삶이라도 책임을 져야 하는데 자꾸만 도피하려고만 한다. 눈앞의 결과만을 중시하여 어떻게 해서든지 일을 빨리 끝내고 만족감부터 느끼려 해서는 안 된다.

우리는 강에서 어떤 진실을 배우는가. 강은 자신의 목표를 잊지 않고 절대로 포기하지 않는다. 자신을 기다리는 바다를 찾아 오늘도 흐르는 강물의 막강한 힘을 아무도 막을 수 없다.

일할 때 쓸데없는 이유를 대거나 변명만 늘어놓지 말고 열심히 해나가는 것이 중요하다. 분명한 계획을 세우고 이루어 나간다면 일하는 즐거움이 생긴다. 자신감이 있으면 일이 어려울 때일수록 의욕을 불태울 수가 있다. 일을 적당히 끝내려는 습관이 있다면 철저하게 버려야 한다. 한꺼번에 다 이루려고 하면 모든 것을 다 잃는다. 욕심과 사심 없이 순수한 계획 속에 이루어 갈 때 성공한 보람도 있다.

어떤 일이든지 시작하기 전에 분명하게 계획을 세우고 이루어 가는 것이 중요하다. 성공한 사람들은 목표를 정확하게 세운다. 참다운 성공의 비결은 자기가 하는 일에 최선을 다해 집중해야 하고 모든 열정을 다 쏟아 낼 때 이루어지는 것이다. 자기가 어디를 가는지 모르면서 긴 여행을 떠나지 않는다. 여행을 떠나는 사람은 목적지와 돌아올 날을 분명하게 정하고 계획대로 움직인다. 인생이란 여행을 계획 없이 떠난다면 얼마나 슬픈 일인가.

분명한 계획을 이루어 가며 자기 삶에 철저한 계획을 세운 사람은 일을 단계적으로 이루어 간다.

나는 시인이 되고 싶었다. 그리고 책을 내 키만큼 쓰고 싶었다. 이제 그 꿈은 이루어지고 있다. 213권의 책을 세상에 내놓게 되었고 책의 높이가 내 키만큼 가까이 다가가고 있다. 꿈은 이루어진다. 강의를 만 번 이상 하고 싶다는 목표를 가졌는데 만 번 이상 강의를 하였다. 세계 여행을 꿈꾸었는데 세계 여행을 하였다.

목표를 정하여 도전하는 사람은 기쁘다. 목표를 이루어 가는 기쁨은 참으로 행복하다. 목표가 분명하면 성과가 눈앞에 보이므로 유혹에 빠지지 않는다. 제 일에 자신감을 느끼고 신나는 성취감을 맛본다.

삶의 목표가 분명하고 확실해야
흔들림이 없이 추진해 나갈 수 있다

목표가 없으면 나아갈 방향을 잃고
표류하거나 잘못된 곳으로 가면
별수 없이 방황하거나 정지할 수밖에 없다

목표가 없는 삶은 가치가 없고
변죽만 울릴 뿐
존재 의미도 없으며 무의미할 뿐이다

목표가 없으면 성취감도 없고
힘을 잃고 나약하고 초라한 모습으로
변하고 좌절하고 실망하고 만다

목표가 있어야 앞으로 나아갈 힘이 나고
생기가 돌고 이루고 싶은
열정과 자신감이 넘치는 것이다

목표가 성취되면 감동이 넘치고
기쁨이 넘치고 즐거움이 넘친다

···

목표 _중에서

이야기를 나눌 때
유머를 사용하라

아침에 일어나서 거울을 보고 한 번씩 웃어 보라. 기분이 얼마나 좋아지는가? 화장실에 들어갔다 나오면서도 거울을 한 번 보고 웃어 보라. 얼마나 행복한가? 웃음은 인간만이 가질 수 있는 축복이다. 이 축복을 누리며 살아야 한다. 명랑한 웃음은 인간에게 부여한 최고의 강장제이다. 최고의 인물이 되려면 유머 감각을 가져야 한다. 자신의 표정을 바꾸면 마음도 바뀐다. 웃음은 자연스러운 표정이고, 가장 쉽게 사람들의 마음을 열어준다.

봄날에 피어나는 개나리꽃을 보면, 꼬마들의 웃음이 가지마다 다닥다닥 붙어서 꽃이 피어나는 것처럼 웃음 잔

치다. 태양의 얼굴을 닮아 피어나는 해바라기도 누가 목덜미를 간지럽게 했는지 웃음이 가득하게 피어난다. 태양도 밝은 웃음으로 온 세상을 밝혀준다. 한밤중에 떠 있는 달은 어둠 속에서 차가운 미소로 세상을 밝혀 준다. 참사랑을 알고 싶을 때 아이들의 해맑은 웃음을 바라보아야 한다.

웃는 사람은 행복하고 우는 사람은 불행하다. 밝은 표정으로 웃는다면 참 행복하다. 웃음으로 대화가 살아 나면 자신감이 넘친다. 다른 사람에게 자연스러운 표정으로 웃어준다면 참 행복하다. 슬픔이 많은 세상이라지만 즐거운 마음으로 웃음을 보일 여유가 있다면 다른 사람까지 행복하게 만들이 준다.

웃음은 참 아름다운 언어다. 웃음은 세계 공통어이며 누구나 좋아한다. 웃음으로 슬픔이 정복된다. 언제나 쾌활하게 웃는 사람이 행복한 사람이다.

웃음은 굳었던 마음을 부드럽게 해주는 묘약 중의 묘약이다. 대화를 나눌 때 유머를 잘 사용할 줄 아는 사람은 여유와 재치가 있다. 유머는 일과 생활에 활력소를 제공하며 인간관계를 부드럽게 하는 데 없어서는 안 될 중요한 요소다. 나를 웃기는 사람이 없을지라도 아침에 일어나서 세수할 때 웃었던 일을 생각하며 밝게 웃어 본다면 기분이 상쾌해진다.

아침 웃음이 하루의 시작을 즐겁게 해줄 것이다. 만나는 사람들에게 웃음과 유머를 선물하라. 나로 인하여 주위 사람들이 기뻐한다면 얼마나 행복한 일인가. 유머가 있는 대화를 하려면 다른 사람의 이야기를 잘 들어주어야 한다. 잘 들어주는 것만으로도 호감을 산다.

웃는 여유가 있는 사람이 행복한 사람이다. 남에게 웃음을 주는 사람은 자신은 물론 남도 행복하게 해주는 사람이다. 신나게 웃을 일들이 많이 있으면 더욱 좋을 것이다. 웃음도, 행복도 스스로 만들어 가는 일이다.

인생이란 기간 동안
내일을 밝혀 줄 희망을 품고 살자

아무리 힘든 고난도
아무리 힘든 역경도
아무리 힘든 시련도
희망의 꽃을 함부로 꺾지 못한다

새로운 힘이 샘솟게 하자
어떤 순간에도 쾌활함을 잃지 말고
아주 근사한 기쁨과 즐거움 속에서 살자

실패에 대하여 침착하고 냉정하고
희망에 대하여 여유 있는 마음으로
당당하게 힘차게 희망의 길을 걸어가자

꿈과 희망을 당당하게 이루어 가면
고통도 아픔도 시련도 역경도
더 이상 쉽게 찾아와 말을 걸지 않는다

희망을 품고 살자

착한 마음으로
친절을 베풀어라

착한 마음으로 친절을 베푸는 사람들의 삶이 아름답다. 누구나 자기를 방어하고 싶어 한다. 누구나 자기를 보호하려는 본능적인 마음을 가지고 있다. 그래서 보이지 않는 벽과 틀 속에 스스로 갇혀 있게 된다. 보잘것없는 아집의 껍데기는 교양이나 인격, 자존심 따위의 가면으로 자신을 포장한다. 그 아집의 껍질을 훌훌 벗어 던지면 더욱 자유롭고 평안해진다.

마음을 열고 주위의 사람들에게 다가가 친절을 베풀어야 한다. 마음을 나누면 사람들이 가까이 다가온다. 사람들이 주변에 모이면 삶에 자신감이 생긴다. 친절하게 대하면 주위 사람들이 자연스럽게 마음을 열고 다가와 공감대를 만들 수 있으므로 모든 것은 쉽게 이루어질 수가 있다. 친절은 형식적이거나 의식적이지 않고 가장 자연스러운 모습 속에서 이루어진다.

남에게 친절을 베푸는 사람들은 마음이 선한 사람들이다. 그들은 다른 사람들이 일을 하도록 격려하고 함께 힘이 되어 준다. 사람들은 누구나 친절하게 대하면 좋아한다. 착한 이들은 선을 베풀 것이라며, 마치 그들이 보행을 방해하는 길가의 돌을 치워 줄 것이라고 판단해서는 안 된다. 자신 말고 다른 이들이 베푸는 선행을 기대해서는 안 된다. 내가 먼저 선행을 실천하는 거다.

친절은 희생을 각오할 때 나타난다. 남에게 온전히 친절을 베풀려면 자기희생이 필요하다. 선은 선으로 돌아오고 악은 악으로 돌아온다. 친절을 베풀면 사람들의 마음이 평화로워진다. 그리고 친절을 베푼 사람의 주변에는 언제나 사람들이 함께 하여 준다. 자신의 주변에 사람들이 있다는 것은 얼마나 행복한 일인가. 남에게 친절히 대하면 자기 삶에 놀라운 변화가 일어난다.

남에게 선을 베푼 자는 자기에게도 선을 베푼 자이다. 이 말은 남에게 행한 착한 일의 보수를 의미하는 것이 아니다. 착한 일을 한 그 행위 속에는 이미 의미가 있다. 왜냐하면 착한 일을 했다는 의식은 인간에게 최고의 보수이기 때문이다.

세상이 아무리 악하다지만 주변에는 선한 사람들이 참으로 많다. 그리고 친절한 사람들도 많다. 세상은 바로 그들 때문에 밝아지고 행복해진다. 우리가 남에게 친절할 수 있는 것도 자신감이 있기 때문이다.

친절한 마음으로 살아가며 사람들과 만나 정을 나누고 이야기를 나누며 살아간다. 때때로 대화를 나누지 못하기 때문에 살맛이 나지 않는다. 사람들은 수다를 떨어야 한다. 수다를 떨면 스트레스도 풀리고 정도 생긴다. 우리들의 이야기를 찾아 나누며 삶을 정겹게 만들어 가자.

용혜원
시인의
희망시

쓸데없이 간이 부어 마음도 꽁꽁 닫고
단춧구멍도 꼭꼭 잠그고
입도 앙 다물고 답답하게 살지 말자

마음을 편하고 홀가분하게
마음을 여유롭고 헐렁하게
마음을 풍요롭고 넉넉하게 살아가자

세상 문 닫고 마음을 옥 죄고 살아가면
혼자만의 갈등에도 괴롭고
무미건조하게 혼자 외롭고 혼자 쓸쓸하다

마음을 활짝 열자
누구나 언제나 함께 할 수 있도록
마음을 활짝 열자

벽에 부딪힐 때 마음의 외침을 들어라
텅텅 빈 마음의 골짜기에서
살아 외치는 힘 있는 소리를 들어라

간절하고 진실하게 가슴팍에 부딪히게
외치는 선한 양심의 소리를 들어라
...

마음을 열자 _중에서

아름다운 사랑에
깊이 빠져라

우리의 삶에 사랑이 가득하다면 얼마나 행복한 일인가? 사랑하는 사람과 함께 일하면 놀라운 힘을 발휘한다. 사랑은 열정과 능력을 보여준다. 사랑의 고백은 사랑의 새싹이다. 사랑도 자라나 꽃이 피고 열매를 맺어야 진정한 사랑이다. 사랑은 마음을 아름답게 만든다.

우리가 가진 열정 중에서 가장 강렬한 열정이 사랑이다. 이 세상에서 사랑의 힘보다 위대한 것은 없다. 진정한 사랑은 상대방의 마음을 변화시키는 힘이 있다. 사랑에 빠져 본 사람만이 참된 승리자가 될 수 있다. 사랑은 우리가 누릴 수 있는 최상의 기쁨을 준다. 사랑하는 것보다 더 사람들을 잘 알 수 있는 길은 없다. 진정한 사랑은 과식하는 법이 없다. 그러나 욕정은 마침내 과식하여 죽고 만다. 진실한 사랑은 진실이 넘쳐나고 욕정은 허망에 가득 차 있다. 피부가 고독한 사람은 바람을 피우고 마음이 고독한 사람은 인생을 작품으로 만든다.

사랑했던 날들이 모여 행복을 만들고 늘 그리움에 젖게 하는 풍경을 만든다. 사랑하는 사람과 함께 하는 시간은 모두 다 아름다운 순간이다. 가장 아름다운 물감으로 멋진 그림을 그리는 삶을 가꾸어야 한다.

사랑의 표현 방법은 꽃들의 종류만큼 많다. 사랑을 어떻게 표현하느냐에 따라서 그 아름다움이 더 빛난다. 오늘도 사랑을 표현해 보자. 나뭇잎이 흔들리면 바람이 불고 있다는 것이다. 우리의 마음이 움직이는 것은 사랑이 시작된 것이다.

삶은 버겁고 벅찰 때가 많다. 아무리 고통스러울 때도 가끔 신선한 오아시스를 만나기도 한다. 고통을 씻어주고 감미로운 위안을 주는 것이 있다면 가장 먼저 사랑은 힘이라고 말할 수 있다. 이 세상에 사랑만큼 위대한 힘을 발휘하는 것은 없다. 일인용 냄비 사랑이 아니라 퍼 줘도 남는 가마솥 사랑이 되어야 한다. 바람만 잔뜩 들어 있는 풍선 같은 사랑이 아니라 옥수수 알맹이처럼 알찬 사랑을 해야 한다.

서로 주는 것은 나눔이다. 나눔은 곧 사랑에서 이루어진다. 사랑을 나눌 때 배가 되고 슬픔을 나눌 때는 반감이 된다. 사람들은 사랑의 투자를 끝없이 요구하고 있다. 그만큼 이 시대에 사랑이 부족함을 말해 주고 있다. 자신을 사랑하는 자가 남을 사랑할 수 있다. 사랑이란 인간이 경험하는 절대의 경지다. 서로 간에 생기는 불협화음도 아름다운 사랑 속에서 사라지며 더 나아가 전 세계까지도 마음에 품어 사랑한다.

사랑하는 사람들은 저마다 아름다운 표현을 한다. 기다려 주고, 함께 해 주고, 나누어 주며 그 모든 표현은 이 지상의 말로 다 표현할 수가 없다. 인류가 살아 있는 한 사랑은 지속될 것이고 사랑의 표현은 꽃의 종류처럼 많을 것이다.

지금, 이 순간에도 연인들은 사랑을 아름답게 만들고

있다. 사랑은 주고받는 것이다. 그 아름다운 조화는 세상에서 가장 아름다운 빛이다. 사랑은 삶에 힘과 용기를 가져다준다.

용혜원
시인의
희망시

사랑하라
모든 것을 다 던져 버려도
아무런 아낌없이 빠져들어라

사랑하라
인생에 있어서
이 얼마나 값진 순간이냐

사랑하라
투명한 햇살이
그대를 속속들이 비출 때
거짓과 오만 교만과
허세를 훌훌 털어 버리고
진실 그대로 사랑하라
...

사랑하라 _중에서

항상 일을
기쁘고 즐겁게 하라

삶이 뒤틀려 견디기 힘든 시간이 올 때가 있다. 불행은 갑자기 찾아오고, 행복이 찾아오는 데는 오랜 시일이 걸린다고 한다. 이런 악순환 속에서도 새로운 도전을 해나갈 당당한 용기가 있어야 한다. 어려움을 이겨 낼 용기가 충만하다면 찾아올 고난과 역경도 꽁무니가 보이지 않도록 줄행랑을 칠 것이다. 가을 들판 바람에 이는 것은 갈대가 아니라 우리 마음인지도 모른다. 힘들고 어려워도 절대로 기죽지 말고 당당하게 맞서서 이겨 내야 한다.

뼈저린 고통을 이겨 낸 마음이 더 대견하고 때로는 자랑스럽다. 살면서 힘들고 어려운 일에 닥칠 때 넘어지고 실패하는 것은 부끄러운 일이 아니다. 실패 속에 내일의 성공이 숨어 있기 때문이다. 인생은 살아 볼 가치가 있다. 자신의 한계를 뛰어넘어 도전하고 멋지게 비상하라. 고난과 역경 찾아올 때 담대하게 말하라.

"고난아! 역경아! 너는 강하고 힘이 세다. 그러나 나는 너를 이길 수 있다!"

용기가 넘치게 살아가면 즐겁고 재미가 넘친다. 자기 능력을 충분하게 잘 살린 사람은 언제 어디서나 능력을 최대한 발휘하면서 강하게 살아간다. 자신이 어느 곳에 있더라도 재미있는 것을 찾아내고 기쁨을 만들어 내는 행동을 취한다. 자신의 삶을 즐겁게 산다면 자신의 생활이 훨씬 더 변화무쌍하고 활력이 넘칠 것이다. 일을 할 때 자기가 좋아하는 음악을 듣거나 입으로 노래를 흥얼거리면서 즐겁게 하는 사람들을 보면 재미가 있다. 삶은 그런 것이다. 즐겁게 살려고 노력하고 그 즐거움 속에 빠져들어야 한다.

자신이 맡은 일을 즐겁게 일을 해야 한다. 함께 일하는 사람들이 즐겁게 일하도록 분위기를 만들어 주어야 한다.

다른 사람들이 하기 싫어하는 일을 억지로 하게 해서는 안 된다. 다른 사람들도 모두가 자신이 성공하기를 원하며 남들의 인정을 받고 싶어 한다. 그러므로 함께 즐겁고 기쁘게 일하고 싶다면 함께 일하는 사람들의 가치와 잠재력을 인정해 주어야 한다. 그들을 칭찬해 주고, 이해해 주고, 인정해 준다면 그들도 기대에 어긋나지 않게 즐거운 마음으로 함께 일해 줄 것이다.

성공은 인내심을 갖고 이루어 가야지 하루아침에 뚝딱 성취할 수 없다. 씨앗이 나무가 되어 열매를 맺을 때까지 기다릴 줄 아는 사람이 성공한다. 성공의 문에 들어서기까지는 길고 어두운 밤을 지내야만 한다. 그 어두운 밤을 무사히 건너야 성공의 아침에 도달한다.

행복한 사람의 얼굴은 태양처럼 빛을 발한다. 절망의 짙은 어둠이 사라진다. 넘치는 행복과 기쁨이 찾아온다. 우리는 즐거움을 만들며 즐거움 속에 살아야 한다. 인생은 단 한 번뿐이다. 이 소중한 삶을 즐겁게 살아야 한다. 즐거움을 만들어 내는 기쁨으로 살아야 한다.

산다는 것은 그리 쉬운 일이 아니다.
무수한 고통과 절망이 몰려올 때가 있다

살다 보면 인생살이가 고통이 되고 눈물이 되지만
언제나 그 아픔이 오래가지 않아 좋아지고
회복되기를 바라는 마음이다

뒤돌아 보지 않고 곁눈 팔지 않고
조바심 없이 꾸준하게 열심히 살다 보면
하루하루가 눈에 보이도록 달라져
웃음이 되고 기쁨이 되고 행복이 된다

이런 맛에 내일을 기대하며
오늘에 눈물과 땀과 피를 흘리며
열심히 살아가는 것이다

나의 기쁨이 타인의 기쁨이 될 수 있고
나의 만족이 다른 사람의 만족이 될 때
알토란 같은 인생의 진한 맛을 느낄 수 있다
...

살다 보면 인생살이가 _중에서

자신이 가진
열정을 다 쏟아라

열정을 다하여 열심히 일하는 사람들을 보면 멋지게 보인다. 그들은 역시 자신감을 소유한 사람들이다. 시간 은 흐르는 강물과 같다. 흘러가면 다시는 되돌아오지 않 는 것, 삶이란 시간이다. 일할 때는 열정을 아낌없이 있는 그대로 다 쏟아야 한다. 자기 생각과 말과 행동을 일치시 킬 열정이 있다면 그 사람은 이미 성공한 삶을 살고 있다. 자신이 하고자 하는 일에 집중하는 것이 중요하다. 자신 을 언제나 훈련해야 한다.

누구나 일을 하다 보면 싫증 나고 포기하고 싶을 때도 있다. 끝까지 최선을 다할 때 놀라운 결과의 열매를 맺는다. 주어진 시간을 효과적으로 투자해야 삶 속에서 기적을 일으킨다.

자기 자신을 쓰러뜨리려는 못된 마음을 과감하게 잘라 버리고 좋은 마음을 가져야 한다. 못된 마음의 특징은 열심함의 부족이다. 그리고 양심, 공포, 염려, 걱정, 절망이다. 이것들이 우리의 마음을 조정한다.

우리는 헛된 욕망의 고삐를 바짝 조여야 한다. 욕망 속에 빠지면 실망만 찾아오고 결국 허무와 허탈에 빠진다. 성공을 향한 진정한 힘은 자신의 마음속에서 나온다. 그것이 바로 열정이다. 생활이 나태해지면 엉뚱한 생각이 자리를 잡으려 해서 마음을 자꾸만 흐트러뜨린다.

남의 이야기에 온 신경을 곤두세우고 걱정에 빠질 필요는 없다. 다른 사람들의 부정적이고 쓸모없는 판단이 자신 있게 일하는 것을 방해한다면 모두 다 떨쳐 버려야 한다. 어떤 상황에서든 초연하게 대처하는 것도 지혜 중의 지혜다. 조급한 마음은 늘 서두르게 만든다. 자신이 온 힘을 기울여 열정을 쏟았다면 멋지게 이루어진다는 확신을 갖는 것이 중요하다.

기회는 언제나 찾아온다. 그때 강하고 담대한 자신감으로 승리해 나가야 한다, 기회가 올 때 도전하는 용기가 필요하다. 어떤 경우에도 나는 꼭 이루고야 만다는 확신을 갖는 것이 중요하다. 확실한 목표가 있을 때 자신감을 느끼고 열심히 일한다. 보람 있는 일, 의미 있는 일에 열정을 쏟아야 한다. 남들이 무어라 해도 상관하지 말라. 자신의 참된 꿈을 굳게 잡고 나가야 한다. 모든 일을 신중하게 생각하되 온몸으로 뛰어들어 땀 흘린 보람은 열매를 만들어야 한다.

씨앗에서 싹이 나올 때 자기가 지닌 힘의 200배는 더 들어가야 한다고 한다. 아주 작은 씨앗이 큰 나무가 되기 위하여 열정을 다 쏟을 때 큰나무로 성장한다. 감나무 씨를 심어서 잘 자라게 하면 무려 한 그루 나무에서 감이 만 개나 열리기도 한다. 열정의 힘은 참으로 대단한 결과를 만들어 놓는다. 고정 관념의 틀에 박힌 사고에서 벗어나 마음껏 일할 때 결과는 달라진다. 성공한 사람들은 그들의 피와 땀과 눈물을 다 쏟아 낸 열정의 소유자이다. 그들이 이루어 놓은 성공은 참으로 값있고 보배롭다.

거침없이 아무런 두려움 없이
폭죽 터지듯이 피어나는 봄꽃들처럼
살아 있는 심장에서 뜨겁게
터져 나오는 불꽃이다

마음의 중심에서 타올라 뜨겁게 내뿜는
강렬한 열기를 아무도 막을 수 없다
자신 속에 감추어져 있던
무한한 잠재력을 끌어올리는 힘이다

열정은 모든 역경을 이겨 내고
모든 난관을 헤쳐 나가며 모든 가능성을 찾아내
자신을 변화시키고 세상을 변화시킨다.

실패를 조금도 두려워하지 않고
꿈과 비전을 향해 마음껏 솟구치며
삶을 활짝 꽃피우고 풍성한 열매를 맺게 한다

가슴이 식을 줄 모르고 뜨거운 사람들이
시대를 앞서 나가며 이끌어 간다.
뜨거운 열정 앞에 모든 악조건은 고개를 숙이고
열정은 고난 속에서 더 강렬해진다

...

열정 _중에서

PART 3
기죽고 살지 말자

헛다리 짚고 고달픈 인생이라고

한 치 앞도 안 보인다고

매가리 하나 없이 기죽어 살지 말자

세상에 잘난 사람 많더라도

나 같은 사람은 딱 하나다

부끄럼 없이
살아가라

아무런 부끄럼이 없이 살아가야 한다. 우리는 누구에게나 당당하고 힘이 넘치게 살아갈 수 있다. 남에게 손해를 끼치지 말고 곤란을 겪게 하지 않으며 소신껏 일하고 결과에 만족하다면 정말 행복한 삶이다. 우리는 허풍, 거짓, 가식, 꾸밈 없이 당당하게 살아야 한다.

어떤 모습으로 어떻게 살아가느냐에 따라서 인생이 달라진다. 소심하거나 고통에 시달리는 우울한 사람은 자신감 있게 살아갈 수가 없다. 강하고 담대한 사람이 바라보기에도 좋고 자신감 있어 보인다. 왜냐하면 그들은 자신의 삶을 순수하고 정직하게 살아가기 때문이다.

자기 자신을 바르게 바라보아야 한다. 우리에게 다가오는 실패와 즐거움, 고통과 기쁨은 삶을 바라보는 태도에 따라서 달라진다. 그 결과에 따라 우리의 삶의 방향도 결정된다. 타성에 빠져 낙심하기보다 변화되고 발전해 나가는 삶을 살아야 한다. 이런 말이 있다.

"오직 내가 도달할 수 있는 높이까지만 내가 성장할 수 있다. 오직 내가 추구할 수 있는 거리까지만 내가 나갈 수 있다. 오직 내가 살펴 볼 수 있는 깊이까지만 나는 볼 수 있다. 오직 내가 꿈꿀 수 있는 정도까지만 나는 될 수 있다."

우리는 자아도취나 열등감에 빠져 있지 말아야 한다. 날마다 성숙해지며 긍정적인 삶을 살아야 한다. 그러므로 긍정적 삶을 살려면 잘못된 습관과 행동을 과감하게 끊어 버려야 한다. 당당하게 살아가기 위해서는 결단과 꾸준한 노력이 필요하다. 자기라는 틀 속에 갇혀서 우물 안의 개구리가 될 것이 아니라 사고의 폭을 점점 더 넓혀 나가야 한다.

새로운 변화를 위하여 마음먹은 일은 즉시 실행해 나

가야 한다. 씨앗에서 큰 나무로 되기까지는 기다림과 견 딤이 필요하다. 급작스럽게 이룬 성과는 급작스럽게 무너 진다. 자꾸만 미루면 자신감을 상실한다.

실패도 배움이다. 우리가 외면하고 싶은 단어 가운데 하나가 '실패'라는 말이다. 실패를 경험해 보지 않은 사람 은 삶의 참 용기를 모르는 사람이다. 실패는 재도전의 기 회일 뿐이다. 우리는 자신 있게 도전해야 한다. 처음부터 큰 기대만으로 헛된 욕심을 부리지 말고 천천히 시작해야 한다. 성공을 위하여 한 단계 한 단계 정복해 나가는 것이 중요하다. 처음에 잘되지 않는다고 좌절감을 느끼거나 포 기하지 말자. 처음에 서투른 것이 오히려 자연스러운 일 이다. 작은 성취를 귀하게 여기고 이루어 가는 성취감을 느껴야 한다.

삶도 예술이다. 삶을 작품으로 새롭게 만들기 위하여 열정을 다 쏟아야 한다. 좋은 작품을 만드느냐 못 만드느 냐 하는 것은 마음가짐에 달려 있다. 중요한 것은 현재 주 어진 길을 똑바로 나가야 한다는 것이다. 성공하는 사람 들은 자신의 어두운 점보다는 밝은 점을 더 많이 찾아내어 긍정적으로 살아간다. 하늘을 우러러 사람에게 부끄럽지 않다면 그보다 훌륭한 삶이 어디에 있는가? 절망과 아픔에서도 꿈과 희망의 꽃을 피워야 한다.

용혜원
시인의
희망시

누군가 나에게 해준 일이
마음에 고맙게 느껴지면
감사하는 마음이 생긴다

감사가 많아지면
마음이 넓어지고 행복해진다

감사가 많아지면
마음이 관대해지고 기쁨이 넘친다

감사가 많아지면
마음이 커지고 웃음이 찾아온다

감사하는 마음이 커지면
사람들이 좋아진다
...

감사하는 마음 _중에서

시간을
제대로 관리하라

시간을 낭비하거나 쓸데없이 허비하는 사람은 자신
감이 없는 사람들이다. 시간은 언제나 결과를 만들어 놓
는다. 시간을 잘못 사용하는 사람 중에는 시간이 없다고
불평하는 사람들이 많다. 똑같은 시간을 사용하면서도 여
유가 있는 사람이 있고, 늘 부족하다고 불평을 일삼는 사
람이 있다.

모든 사람에게 하루 24시간은 똑같이 분배되어 있다.
그러나 시간은 신비하고 모든 것을 변화시킨다. 시간을
놓고 온전히 만족하며 살아가는 사람은 없다. 시간은 아
무도 그대로 놓아 주지 않고 흘러간다. 모든 사람이 필요

한 만큼의 시간을 보낸다고 생각할 수 있다.

시간은 양의 문제가 아니라 어떻게 사용하느냐에 따른 방법의 문제다. 시간을 제대로 관리하려면 시간 사용 계획부터 세워야 한다. 효율적 시간 활용 계획을 세우지 않으면 하고자 하는 일을 목표대로 이루어 갈 수 없다. 시간 관리는 기발한 묘기나 자잘한 기법이 아니다. 서두르지 않고 여유 있게 인생을 알차게 살게 하며 삶을 효과적으로 운영하는 멋진 예술이다.

효율적인 시간 관리란 주어진 모든 시간을 잘 활용하여 최대 효과를 거두는 것이다. 시간 관리는 삶 전체의 관리이다. 오늘을 살아가는 많은 사람이 시간을 낭비하며 살아간다. 그 결과는 때로 비참한 삶을 만들어 놓는다. 그러므로 시간을 잘 관리하는 것은 중요하다.

시간 관리를 잘하면 경쾌한 리듬감 속에 살게 한다. 매사에 자신감을 지니게 한다. 효율적인 시간 관리는 일과 휴식을 조화 있게 하고 적당한 긴장감을 가지며 살게 한다. 바쁜 사람에게는 여유를 주고 한가한 사람에게는 긴장감을 주므로 삶의 균형을 유지하게 한다. 여유 있는 마음으로 목표를 잘 달성해 나가게 하고, 효율적 시간 사용으로 하는 일을 제대로 마무리한다. 시간을 지혜롭게 사용함으로써 서두름과 분주함을 예방할 수 있다.

효율적인 시간 관리를 할 때 자신감은 높아지고 삶의 성취감이 높아지므로 기쁘게 살아간다.

인내란 모든 경쟁에서 이기는 힘이다. 시간과 감정을 적으로 만들지 말고 기다려 주고 인내하면 고대했던 날이 찾아온다. 기다림이 지루하다고 당장 내일을 오늘로 만드는 방법은 없다. 시간과의 싸움에서 이긴 사람이 최후의 승자가 되어 웃는다.

시간은 눈으로 볼 수 없고
손으로 만질 수 없다

시계를 보면 통하여
시간의 흐름을 느끼며
자연의 변화를 통하여
시간의 변화를 느끼며 살아간다

시간은 거리를 방황하거나
의자에서 졸거나
침대에 누워 잠자지 않고
찾아왔다가 쏜살같이 떠난다

시간은
서성거리지 않고
기웃거리지 않고
머뭇거리지 않고
쏜살같이 떠난다

시간

자신에 대한
신뢰감을 가져라

성공의 열쇠는 어디에서 나오는가? 그것은 인격과 기량 그리고 자신감에서 나온다. 사람은 자신의 그릇 이상 크지 못한다는 말이 있다. 성공하는지 못하는지를 결정짓는 것은 바로 그 사람의 그릇 크기와 자신감에 좌우한다. 그러므로 자신에 대한 신뢰감을 가져야 한다. 자기 그릇을 크게 만들 수 있는 것은 자신감이다. 세계를 움직이는 사람들을 보면 작은 거인이라는 별칭을 가진 사람들이 많다. 그러므로 성공을 원한다면 자기 그릇을 크게 만들어야 한다.

우리의 마음속에서 어설프고 나약하게 그려진 성공의

계획들은 플러그가 빠져 있는 컴퓨터나 전자 제품 그리고 엔진과 같다. 그것은 아무 일도 하지 못하게 하는 엉터리 전시품이다. 소심하고 자신감이 없는 사람은 언제나 플러그가 뽑혀 있다. 늘 제자리걸음만 하게 된다. 우리가 만약에 잘못된 틀에 빠져 있다면 벗어나야 한다.

크게 성공하는 사람은 그릇이 크고 자기 신뢰감이 넘친다. 자기 확신을 가져야 한다. 자신감 있게 도전하여 성공하게 만든다. 누구나 결점이나 단점을 갖고 있다. 그것을 극복하지 못하면 실패를 되풀이하는 일이 많다. 모든 것을 극복하고 성공해 나가는 사람도 있지만 일생을 후회와 염려만 하다가 끝내고 절망의 눈물을 흘리고 마는 어리석은 사람도 있다. 매사에 부정적이냐 긍정적이냐에 따라 결과가 또한 판이해진다. 그러므로 매사에 긍정적인 마음을 가져야 한다.

우리 주변에는 갖가지 불만 때문에 불행하게 사는 사람들이 있다. 불만은 남과의 비교, 자신의 욕심과 욕망에서 시작된다. 불만을 버리려면 먼저 내가 움켜쥔 것을 놓고 물의 흐름처럼 남에게 사랑을 흘려보내는 삶을 살아야 한다.

그래서 이웃의 마음을 촉촉하게 적셔 주어야 한다. 피가 혈관을 타고 흐르지 않고 멈추면 죽는다. 우리의 마음에서 이웃에게로 사랑을 흘려 보내야만 불만을 버리고 생명력 있는 삶을 살 수 있다. 지금 나를 사로잡는 것이 무엇인지, 내 삶은 지금 이웃에게 무엇을 전해 주는지 잘 알아야 한다.

성공한 사람들은 자신을 잘 파악할 능력을 개발한다. 그래서 다른 사람들의 관심과 애정을 끌어들인다. 다른 사람들에게 신뢰감을 주려면 자신을 뛰어넘을 능력을 갖춰야 한다.

나쁜 버릇이 있다면 싹 끊어 버려야 한다. 부족한 것이 있다면 풍성하게 채워야 한다. 연약하다면 주위 사람들이 보기에도 달라질 정도로 강하고 담대해져야 한다.

힘들고 어려울 때
너스레 떨듯 속마음 몽땅 풀어 놓고
이야기 나눌 다정한 사람 있다면
마음에 따뜻한 위로가 된다

살다가 생긴 마음의 짐
점점 무거워 감당하기 힘들 때
누군가 잠시라도 도와준다면
마음에 크나큰 힘이 된다

괴롭고 고통스러울 때
찢어지는 마음을 넋두리 풀어도
위로해 줄 정겨운 사람 있다면
마음에 넉넉한 여유가 생긴다

뼛골 빠지게 시름 뭉칠 때
잠시 잠깐 인생의 짐 내려놓고
마음을 함께 할 사람이 있다면
살아갈 힘이 솟아나고 생겨난다

힘들고 어려울 때

외로움과
고독을 즐겨라

인간은 혼자다. 누구나 고독하다. 절망하게 하는 고독이 있고 새로운 변화를 추구하게 하고 창작하게 하는 고독이 있다. 그러므로 고독의 시간을 잘 사용하는 사람은 삶에 큰 변화를 불러올 수 있다. 고독을 즐길 줄도 알아야 일을 성취해 나가는 기쁨도 안다.

내일에 대한 성취감이 있다면 다른 사람에게 자신을 이해시키기 위해 몸부림치지 않는다. 왜냐하면 자기 삶 속에서 솟구치는 기쁨을 누리기 때문이다. 봄에 풀들이 돋아나듯 마음속에 꿈을 이루려는 생각으로 가득 차 있어야 한다. 또 꿈과 비전이 있다면 행동으로 옮겨야 한다.

자신이 생각하고 말하는 모두를 다른 사람에게 이해받고 싶어 하는 것은 도리어 자신을 비하하고 희생시키는 것이 된다. 자신의 삶을 다른 사람에게 하나하나 이해받으려 한다면 자기 삶을 사는 것이 아니라 다른 사람의 삶을 자신이 살려는 것이 된다. 남에게 이해받고 싶어 하는 것보다 남을 이해해 주는 쪽을 선택하는 것이 더 좋다.

온몸으로 고독을 체감하는 것도 행복한 일이다. 처절한 고독의 아픔을 알아야 사람의 소중함도 알고 일하는 기쁨도 알게 된다. 우리는 혼자 있을 때 별 볼 일 없고 아무런 가치 없는 일에 고통으로 타들어 가거나 깊은 괴로움에 걸려 넘어지지 말아야 한다. 쓸데없는 생각에 매달리지 말고 혼자 보내는 시간도 즐거움으로 만들 수 있어야 한다. 다른 사람들과 함께 있을 때도 더욱 기쁨으로 충만한 시간을 만드는 지혜도 필요하다.

우리는 기분에 따라 흔들리며 맹목적으로 살아서는 안 된다. 목표를 이루어 가는 기쁨 속에 살아야 한다. 그러므로 혼자 있는 시간을 괴로운 시간으로 만들지 말고 창조적인 변화를 일으키는 시간으로 만들어야 한다. 일을 즐겁게 하면 삶이 즐거워진다.

세계에서 가장 안정된 사람은 정서적 안정을 누리는 사람이다. 그들은 다른 사람의 뜻대로 움직이는 것을 거부하고 자신의 삶을 성실하게 살아간다. 자기의 모든 실력을 마음껏 발휘하며 살아간다. 어떤 순간에도 스스로 인생을 망쳐서는 안 될 것이다. 혼자 있을 때 쓸데없는 공상만 하면 잡된 망념에 빠져 들 수 있다. 공상이 아니라 묵상해야 한다.

고독할 때 변명의 말만 늘어놓아서는 안 된다. 있는 모습 그대로 거짓 없이 표현해야 한다. 우리의 생각 조립이 잘못되면 엄청난 시행착오가 생길 가능성이 있다.

고독이 고독에만 머물면 정말 죽음에 이루는 병이 된다. 고독 자체로는 아무것도 할 수 없다. 그 고독이 창조적인 고독이냐, 병적인 고독이냐 하는 것은 매우 중요하다. 고독의 노예가 될 것이 아니라 고독으로 우리의 삶을 변화시킬 수 있는 지혜로운 사람이 되어야 한다.

잠복하여 때를 기다리던
고독이 심장에 촘촘히 박혀 들어와
막막해질 때 창밖을 바라보며
진한 에스프레소 커피를 마신다

입술을 촉촉이 적시자마자
단숨에 마셔 버리는 에스프레소 커피처럼
살아 있기에 몰아쳐 오는 고독이 진하면 진할수록
몸부림치며 견디기가 힘들다

사방이 막힌 듯한 막막한 발끝이 절여 오고
손끝이 시리다

살자 살아 보자 살다 보면
가슴이 따뜻해지는 날이 올 것이다
이 순간만이라도
뜨거운 커피로 심장 온도를 높여가며
더 뜨겁게 호흡하며 살아 보자

고독이 몰려올 때

내일은
어떤 일이 있을까 기대해라

이룰 수 있고 이루어 갈 수 있는 일이 있다는 기대감에 삶은 참으로 재미있다. 기대감이 없다면 삶은 얼마나 삭막하고 멋이 없을까? 좋은 일이 일어날 것이라는 기대를 하고 살아가는 사람에게는 희망이 넘친다. 그런 기대감을 이루어 줄 능력을 찾아내야 한다. 우리에게 숨은 능력 곧 잠재력을 나타내야 한다.

잠재력을 찾는 것은 미진한 부분을 개척하여 자기의 영역을 넓히는 과정이다. 자기 능력을 발휘하면 자연히 기대감에 부푼다. 자기의 꿈을 펼쳐갈 능력은 누구에게나 있다. 능력보다 중요한 것은 넓은 관점에서 꿈과 비전을 이루어 가기를 바라는 것이다. 자신을 잘 안다면 자기 능력을 발휘하여 무언가 기대하며 살아야 한다.

물 위의 부평초 같은 것을 붙잡는 것도 아니고 하늘의 뜬구름을 붙잡는 것도 아니다. 비 온 후 잠시 그려지는 무지개를 붙잡는 것이 아니다.

이 시대를 살아가면서 비전을 제시하지 않거나 제시하지 못하면 시대에 뒤떨어진 사람이다. 새로운 모색을 하지 않으면 남에게 뒤떨어진 삶을 살 수밖에 없다. 새로운 변화를 일으키지 못하면 밀려난다.

농부가 왜 봄에 씨를 뿌리는가. 가을이라는 수확의 기대감이 있기 때문이다. 어부가 왜 바다에 그물을 던지는가. 물고기를 잡아내려는 기대감이 있기 때문이다. 왜 산에 나무를 심는가. 거목이 되는 날을 기대하기 때문이다. 우리는 자기 삶을 기대하고 살아야 한다. 그래야만 용기가 생기고 자신의 꿈을 이루며 살아갈 수 있다.

삶의 목표가 분명하고 그 목표를 이루려면 활기차게 움직여야 한다. 성공을 이루기 위한 문이 활짝 열릴 때 자기 삶 속에 자신감이 가득해짐을 알게 된다. 성공을 이루어 나가기 위하여 목표를 찾아내고 목표를 이루기 위한 도전을 해야 한다.

성공의 목표가 안개 끼듯 불분명한 사람과 명확하게 떠오르는 사람은 엄청난 차이가 있다. 기대한 것을 이루어 가면 풍성해지고 충만한 삶이 된다. 일하는 즐거움도 느끼며 많은 일을 할 수 있다.

절망 앞에 서면 앞뒤가 깜깜하고 온몸이 떨리고 의욕이 사라지고 겁이 난다. 얼굴에는 눈물 콧물 자국에 뼈는 시리고 마음은 가시덤불 속에서 헤매는 것 같다. 깊은 수렁에 빠진 듯이 빛이 사라지고 어둡다. 어둠에서 한 줄기 빛을 보면 앞은 점점 밝아진다.

누구나 걸어가야 하는 인생길에서
허송세월 보내지 말고
아무 쓸모없이 무의미하게 살아가며
흘러가는 세월을 허비하며 초라하게
무가치하게 살지 말고 나를 나답게 살자

나에게 주어진 인생살이
내가 원하고 바라는 꿈과 희망을 이루어 가며
감동하여 환호하고 싶을 정도로
내가 보아도 누가 보아도
아름다운 인생의 나를 나답게 살자

살아온 인생이 보람되고
살아갈 인생이 의미가 있다면
얼마나 좋고 얼마나 멋진 인생인가?

누가 물어도
누가 말해도
아무런 부끄럼이 없는 가치 있는 인생이
내 인생이 되도록
언제나 어느 때나 나를 나답게 살자

나를 나답게 살자

자신이 지닌 능력을
마음껏 발휘하라

게으른 사람은 능력이 없다. 게으름은 우리에게 아무 것도 가져다주지 않고 아무런 변화도 일어나지 않게 하고 삶을 파멸로 이끈다. 모든 일을 완벽하게 처리할 수는 없지만 자기 능력을 마음껏 발휘해 나간다면 결과는 분명히 좋아진다.

작은 목표라도 좋다. 사소한 목표라도 좋다. 성공하기 위하여 분명하게 목표를 세웠다면 자기 능력을 마음껏 발휘하여 성공을 만들어야 한다. 도전하는 것처럼 용기 있는 행동은 없다. 미지의 세계에 대한 여러 도전을 체험해야만 더욱 큰 도전으로 발전해 나갈 수 있다. 힘도 강력하게 넘친다. 자기의 미래를 향하여 꿋꿋한 자세로 나가야한다. 꿈을 향하여 걸어가는 모습처럼 아름다운 것은 없다. 끊임없는 발전을 추구해 나간다면 다른 사람들에게 신뢰감을 심어줄 것이다.

어떤 점에서 자기가 남보다 뛰어나더라도 그것만을 의지해서는 안 된다. 자기가 남보다 열등하다고 해도 그것을 비판만 할 필요는 없다. 아무리 잘난 사람도 어떤 다른 부분은 그 사람보다 못할 수도 있다. 못난 사람도 어떤 면에서는 뛰어난 부분이 있다. 자기가 뛰어나다는 생각에 머물러 있기보다는 자기의 능력을 발휘하여 함께 나누는 넓은 마음이 될 때 의욕도 충만해지고 자기 능력도 마음껏 발휘할 수 있다. 영국 속담에 이런 말이 있다.

"빨리 뛰는 사람은 오래 뛰지 못한다."

재능이 부족한 것을 안다면 더욱 충실하게 자기 일을 해나가야 한다. 꿈과 비전이 때로는 작게 보일지라도 이루어 내면 놀라운 힘을 발휘한다. 꿈과 비전은 우리 삶에 생명선과 같은 것이다.

내일을 멋지게 만나려면 그 어떤 것도 염려하지 말아

야 한다.

"성공한 사람은 과거가 비참할수록 아름답다."

아무것도 없는 빈털터리에서 성공하는 것이 진정으로 멋진 성공이다. 염려는 도움이 안 되는 감정이다. 그래서 걱정이나 염려로 성공한 사람은 없다.

팔짱을 끼고 구경만을 해서는 안 된다. 자신 있게 도전해 보는 것이다. 도전해 보아야 성공의 맛을 알 수 있고, 볼 수 있다. 실패를 두려워해서는 안 된다. 실패해도 자기 능력을 발휘하면 자신 있게 돌파한다. 자기가 할 수 있는 일을 적극적으로 발휘해 나가는 것이 중요하다.

헛다리 짚고 고달픈 인생이라고
한 치 앞도 안 보인다고
매가리 하나 없이 기죽어 살지 말자

세상에 잘난 사람 많더라도
나 같은 사람은 딱 하나다

얼굴에 절망이 다닥다닥 붙고
서글프고 화딱지가 벌컥 나고
목소리에 가시가 돋아도
핏기 하나 없이 꺼벙하게 파김치가 되지 마라

이곳저곳 빠끔거리며 살지 말고
당당하게 희망을 신념으로 삼고
가슴을 펴고 힘 있게 누비며
거칠 것 없이 살자

하고픈 일이 있다면 긴가민가
어슬렁거리며 서성거리지 말고
머뭇거리지 말고 기웃거리지 말고
올곧게 기를 펴고 하나씩 이루어 가며 살자

기죽고 살지 말자

남을 이끌
지도력을 갖춰라

지도자는 방향을 이끌어 가는 사람이다. 그러므로 지도자의 위치와 행동과 삶의 모습이 중요하다. 남을 이끌 지도력은 하루아침에 만들어지는 것은 아니다. 커다란 거목이 성장하는 과정처럼 한 단계씩 성장한다.

지도력을 갖추려면 교만과 자만에서 벗어나야 한다. 일을 함께 하는 사람들을 신뢰하여야 한다. 그리고 자신의 약점과 강점을 잘 조화할 수 있어야 한다. 자신이 부족하다면 다른 사람들의 지도력을 부끄럼 없이 있는 그대로 배워야 한다. 그렇게 할 때 남을 이끌 수 있는 자신감이 만들어진다.

지도력의 의미는 무엇인가? 지도력은 대화를 통해 그 목표를 달성하도록 사람들 사이에서 발휘되는 영향력이다. 지도력은 지시 및 명령에 억지로 복종하는 것이 아니라 스스로 원해서 함께 할 때 큰 힘을 보여 준다. 지도력은 사람들이 함께 하는 곳을 따라 움직이거나 반응하게 하는 힘이다.

지도력은 설득하거나 모범을 보이는 행동으로 사람들에게 힘을 보여 그들도 한 가지 목표에 따라 같이 움직이도록 만드는 기술이다. 조직에 동기를 부여하고 전체의 움직임을 조정하여 그 조직이 지향하는 목표를 달성하게 하는 핵심적인 힘의 원천이다.

남을 이끌 지배력도 없고 자신감도 없는 사람은 조바심 속에 안달복달을 하면서 살아간다. 조바심이 있으면 자신감은 사라지고 성급해지고 나약해진다.

성공을 향하는 과정에서 중요한 것은 인내하며 섬길 줄 알아야 한다는 것이다. 자신이 부족하다면 스스로 인정하고 성장을 향한 굳건한 전진을 해야 한다. 자신이 부족하면서도 오만하게 남을 이끌 수 있다고 허풍을 떨면 실패하고 만다. 왜냐하면 시간이 흐르면 모든 것은 있는 모습 그대로 드러나게 마련이다.

지도자는 교만해서는 안 된다. 교만은 모든 것을 병들게 하고 무너뜨린다. 지도력은 진실한 마음에서 시작한다. 교만한 사람은 언제나 자기가 남보다 낫다는 것을 보여 주려 하고 모든 일을 자기 멋대로 하고 싶어 한다. 그런 사람은 자신감이 있는 것이 아니라 지나치게 자만심이 강해서 자기 약점도 인정하지 않고 남의 강점도 인정하지 않는다.

교만한 사람은 여유 있고 자신감이 넘치는 사람을 적으로 여긴다. 이런 사람은 자신을 무너뜨리는 어리석은 사람이다. 겸손하고 진실한 사람이 남을 이끌 수 있는 지도력이 있다.

용혜원
시인의
희망시

맺혔던 가슴이 탁 풀리도록
푸른 하늘을 마음껏
바라볼 수 있을 때가 행복하다

힘차게 우는 벌레 소리를 들으면
머리까지 시원해
마음의 여유를 가질 수 있다

복잡하고 분주한 삶에서
나날이 피멍 져오고
두렵게 여겨지는 저항의 벽을
벗어나기란 쉽지는 않지만
훌훌 벗어던지고 나면 어디든지 갈 수 있다

열심히 아주 열심히 살아가더라도
일상에서 잠시 벗어나
가끔은 빛나는 눈빛으로
하늘의 별을 바라보고
자연을 벗 삼아 보아야
그 즐거움에 살맛이 난다
...

마음의 여유 _중에서

어떤 실패도
뚫고 일어서라

단 한 번도 실패하지 않은 사람은 없다. 성공이란 아무런 이유 없이 거창하게 이루어지는 것은 아니다. 어린아이가 걸음마를 배울 때도 수없이 넘어지고 넘어지더니 스스로 걷는다. 우리에게 실패가 있다면 분명히 성공할 수도 있다는 확신과 자신감이 필요하다. 그것은 절망의 아픔을 뛰어넘었을 때 찾아온다.

실패를 두려워하면 아무것도 할 수 없다. 자신 있게 하고자 하는 일에 집중하여 폭발적인 열정을 쏟아붓는다면 자신도 놀랄 정도로 경이로운 일을 해낼 수 있다. 모든 분야에서 성공한 사람들은 고난과 실패로 인하여 몸부림치며 실패를 뚫고 일어난 사람들이다.

실패란 성공의 여명이 트기 전 그 어둡고 침침한 이른 새벽과 같다. 실패는 겁낼 것이 아니라 이전보다 더욱 풍부한 지식으로 다시 일을 시작할 좋은 기회다. 우리가 모든 일에 긍정적인 사고를 갖는 것이 중요하다. 어떤 실패에서도 일어나 포기하지 않고 전진하여 나가는 것이다.

우리에게 다가오는 실패를 도리어 새로운 도전의 기회로 만드는 것이 중요하다. 어떤 실패에서 일어설 때 진정한 용기가 샘솟는다. 평범하던 삶에 감동과 감격이 일어나고 온몸을 들뜨게 하는 흥분에 기쁨이 넘친다.

크고 위대한 일을 해낸 사람들은 갑자기 성공한 것이 아니다. 작은 일들을 이루어 감으로써 크고 위대한 일을 이루어 낼 수 있다.

산에 올라가 보라. 산이 큰 나무로만 이루어졌는가. 이름도 없는 풀들이 온 산을 덮고 있다. 그 모든 것이 아름다운 산을 만든다. 작은 것도 너무나 소중하다.

우리가 일이 잘 안 풀려 뜨거운 눈물이 팔뚝으로 뚝뚝 떨어질 때, 두 다리 쭉 뻗고 소리치며 엉엉 울고 싶을 때,

팔꿈치로 눈물을 닦아야 할 때도 그냥 물러서서는 안 된다. 모든 어려움을 극복하고 실패를 뚫고 나가야 한다.

삶은 전쟁터와 같다. 살아 있는 자, 살아남는 자가 승리하는 자이다. 실패를 한 번 이기고 나면 자신감이 생긴다. 그다음에는 실패해도 두려움이 없이 이겨 낼 힘이 생긴다. 왜냐하면 희망이 보이고 성공이 눈앞에 보이기 때문이다.

숯과 다이아몬드는 성분이 탄소이지만 그 가치는 다르다. 진실하고 정직하게 살아가고 가치 있는 삶을 살아야 한다. 가치가 있는 보석은 신비한 빛을 발한다. 삶에도 빛과 향기가 있어야 한다. 가치 있는 진가를 발휘하는 사람은 어디서나 필요한 존재가 된다. 살아가기 위하여 얼마나 열심히 노력했는지 알면 가치가 있는 삶을 살아야 할 이유가 된다.

막막한 삶의 절벽이 보일 때
어쩔해 이걸 어떻게 해야
대처할 수 있을까

절벽이 너무 높을 때
절벽이 너무 가파를 때
그냥 포기할까 하는 생각이 파도처럼 밀려오고
두려움이 아무 겁게 엄습해 온다

삶의 절벽은 삶 속에서
누구나 만나고 절망에 빠지기도 한다

절벽을 올라가는 사람도 있고
절벽을 뚫고 문을 만들어 나가는 사람도 있고
절벽을 돌아가는 사람도 있다

절벽을 통과하면 놀라운 경험 속에
삶은 한층 더 강해지고
삶은 한층 더 성숙해진다
...

절벽 _중에서

좋은 일이 생긴다는
설렘을 안아라

지금보다 나은 삶을 살고 싶은 것은 당연한 요구이다. 우리가 제일 먼저 해야 할 일이 있다면 매사에 적극적인 힘을 갖는 것이다. 세상을 향해 힘차게 웃어 보라. 웃음은 자신감, 행복감, 열정, 이해, 사랑을 다 표현하고 있다.

열정을 잃으면 시작부터 초라하게 되어 질질 끌려가는 기분을 만들어 놓는다. 우리의 모든 삶을 최고의 상태로 업그레이드시켜야 한다. 자기 안의 놀라운 힘을 가졌음을 알고 있다면 그 힘을 자신 있게 나타내야 한다.

우리 중에는 유달리 독특하게 태어난 사람은 없다. 인간은 누구나 태어날 때 '울고 쥐고 발버둥 친다.' 그러므로 스스로 성공을 확신할 때 비로소 삶이 새롭게 변화를 시작하는 것이다.

자기 자신을 뛰어넘어라. 일을 할 때 감탄사가 나오게 하라. 아무리 좋은 배라도 항구에 정박해 오래 두면 고철에 불과하다. 아무리 비가 대지를 적실지라도 땅속의 수많은 씨앗 중에서 비를 받아들인 씨앗만이 싹을 트고 자라서 꽃을 피우고 풍성한 열매를 맺는다.

자신을 뛰어넘어 무대 위에서 춤추는 자가 돼라. 현재의 자기 모습을 더 뛰어넘어야 변화가 오고 성공한다. 매일 제자리걸음을 하면 얼마나 초라하고 한심한가. 자기 자신을 뛰어넘어라.

인간에게는 두 개의 의식이 있다. 그 의식은 현재 의식과 장래 의식이 있다. 현재 의식은 우리의 마음속에 불과 10% 정도밖에 차지하지 않는다. 나머지 90%의 마음은 잠재의식 곧 자신 안에 있는 힘이다. 자신의 잠재의식을 살릴 때 놀라운 힘을 발휘할 자신감이 생긴다. 자신 속에 있는 능력을 마음껏 발휘해야 한다.

자신 안의 놀라운 힘을 마음대로 발휘하려면 자기 힘

으로 할 수 없는 것을 대처해 나갈 능력을 갖추어야 한다. 그러면 다음 일들은 중요하게 다가온다. 내일 날씨를 걱정하지 말라. 시간의 흐름은 막을 수 없다. 자기의 나이를 거꾸로 셀 수는 없다.

슬픔의 전염자, 희생자가 되지 말라. 사물을 있는 그대로 받아들인 다음에 잘 이용하라. 그러나 중요한 것은 세상을 변화시키는 맛을 알고 사는 일이다. 우리는 변화될 때 자신감이 생긴다.

누구나 가진 자기만의 독특한 장점이 있다. 그것을 발견하는 것이 중요하다. 그 장점을 잘 계발하면 생각지 않았던 놀라운 힘을 발견한다. 사람들은 소문과 유행에 따라 이리 몰렸다 저리 몰렸다가 하면서 세월을 다 보낸다. 독특한 개성을 잘 살려서 자기 능력을 발휘하면서 살아가야 한다.

내 삶에서 가장 행복한 날은
어제도 아니고 내일도 아니고
바로 오늘 이 순간입니다

어제는 망각의 강으로 흘러갔고
내일은 아직 찾아오지 않았고
지금 생생하게 살아 있는 이 순간이
내 삶에서 가장 행복한 날입니다

오늘은 왠지 모를 기대감에 두근거리고
좋은 일이 생길 것 같은 설렘에
오롯이 기쁨이 자꾸만 샘솟아 납니다

콧잔등이 간지러울 정도로 흥미롭고
가슴이 따뜻하고 행복한 이야기를
끝없이 한정 없이 만들어 가며
속 후련하게 기분 좋게 살아야겠습니다

내 사랑이 함께 하는 오늘은 즐거운 날

내 삶에서 가장 행복한 날

쓸데없는 염려를
씻어내라

염려는 안정에서 멀리 떨어진 자리에서 우리를 불안하게 만든다. 매사 자신감 없게 만들고 만다. 염려는 자신감을 상실했을 때 일어나는 감정이다. 삶이 불안할 때, 좋지 않은 변화가 일어날 때 나타난다. 처음 당하는 일에는 극심한 불안과 염려로 모두를 잃어버린 것과 같은 마음이 될 때가 있다.

일상의 삶에서 안정감을 가지고 살아가는 사람이라면 돌발적인 일이 일어나도 서두르거나 염려하지 않고 대처해 나간다. 왜냐하면 언제나 우리 주위에는 문제가 일어나고 그 문제를 해결해 나가야 해서 염려만 하고 가만히 있어서는 안 되기 때문이다.

언제나 걱정하고 염려할 일들이 생겨난다. 걱정은 순환 계통, 심장, 분비샘, 온 신경 조직에 영향을 준다. 과로로 인해 죽은 것보다 의심과 염려 탓에 죽는 사람이 더 많다. 그러므로 염려만 하고 움직일 생각을 하지 않는다면 실의와 우울증에 빠진다. 때로는 걱정거리를 일부러 만들어 놓는 사람들도 있다.

염려는 두려움의 가느다란 물줄기로서 마음속으로 졸졸 흘러 들어온다. 조금만 용기를 북돋아 주어도 생각 속에서 감쪽같이 사라져 버린다. 자신감을 무너뜨리고자 하는 염려는 늘 우리의 마음을 엿보다가 기회만 있으면 파고들어 찾아온다. 작은 염려부터 과감하게 떨치고 자기가 하고자 하는 일에 확신을 둬야 한다. 걱정거리로 마음이 심각해지기보다 이를 이겨 내고 즐거운 마음으로 살아야 한다.

염려만 하고 우유부단한 사람은 스스로 실패를 만든다. 염려는 아무것도 해결할 힘이 없다. 괴테는 '이 세계에서 가장 불행한 자는 우유부단한 인간이다.'라고 말했다. 자신이 하고자 하는 일이 있다면 모든 일을 떨쳐 버리고 분명하게 결단을 내려야 한다. 결단은 어느 쪽이든 한 쪽을 버리는 결심이다. 성공을 향하여 분명한 계획이 있다면 쓸데없는 염려를 버리고 가야 한다.

일에 쫓겨 머리가 터질 것같이 괴로워 화를 내고 짜증을 부리고 신경질을 내고 시비만 걸지 말고 휴식 시간을 가져라. 고통도 뭉치면 병이고, 풀면 약이다.

책을 읽어라!

영화를 보라!

사랑하는 사람과 데이트하라!

삶에 흥미와 재미를 느껴야 한다. 무슨 일을 하든지 흥미와 재미를 느끼면서 하면 즐겁다. 삶이 즐거우면 시간 가는 줄도 모르고 지루하지 않다. 오늘도 즐겁게 일하는 하루를 만들어라.

마음을 병들게 하는
낙심 절망 후회 근심 걱정을 버리고
아침에 동쪽 하늘에 찬란하게 떠오르는
태양처럼 희망을 품고 초연하게 살아가자

내일을 살아가기 위하여
위선과 허풍과 거만과 자만과
거짓과 교만을 버리고
비가 온 후에 아름답게 뜨는 무지개처럼
희망을 품고 행복하게 살아가자

내 마음을 소생시키고 변화시키는
세상에서 가장 소중한 것들을 가슴에 안고
좋아하고 사랑하며 살아가자

버릴 것은 아낌없이 모두 다 버리고
절망에서 벗어나 두려움을 이기고
고통을 다스리고 번민에서 벗어나
세상에서 가장 행복하게
세상에서 가장 아름답게 살아가자

...

버려야 할 것들 _중에서

긍정적인
사고방식을 가져라

일 잘하는 사람은 긍정적인 사고방식을 갖고 살아간다. 긍정적 자신감은 마음속에서 시작하여 생활 속으로 나타난다. 자신감은 눈에 보이지 않는 마음에서 시작한다. 강한 자신감을 가지려면 마음 자세를 분명하게 세우고 긍정적 생각을 펼치는 것만으로도 충분하다.

살아가는 이유는 꿈을 이루고자 하는 분명한 목적과 목표가 있기 때문이다. 꿈을 이루기 위해서는 뜨거운 열정의 마음으로 살아야 한다. 꿈을 이루기 위해서는 긍정적인 사고방식 속에서 매일매일 노력해야 한다. 우리가 하는 일이 고통으로 다가오거나 억지로 하는 것이 되어서는 안 된다. 우리는 일벌레가 아니다. 풍요롭고 멋지게 열정적으로 살아야 한다. 우리가 하는 일들이 희망이 되어야 한다.

긍정적인 사고방식으로 살아가려면 먼저 꿈을 가져야 한다. 꿈을 가져야 이룰 수 있는 희망이 있다. 맹목적으로 산다면 긍정적인 사고방식을 가질 수 없다. 큰 꿈과 비전을 갖고 살아간다면 미래도 밝게 다가온다. 꿈이 없는 곳에는 미래도 없다. 일하는 즐거움도 없다. 꿈이란 이루는 것도 중요하지만 꿈을 향하여 도전하는 것이 멋진 모습이다.

꿈을 잃으면 모두를 잃는다. 의욕도 신뢰도 품격도 사랑도 잃는다. 인간다운 순수함까지 잃는다. 그러므로 긍정적인 사고 속에서 꿈을 가져야 한다. 긍정적인 사고를 하는 사람이라면 남을 무자비하게 쓰러뜨려서 승리하지는 않는다. 아름답고 정정당당하게 이겨야 한다, 진정한 성공이라면 모두가 좋아하고 기뻐해야 한다. 온갖 수단과 방법을 다 동원하여 승리했다면 그것은 차라리 패배라고 해야 한다.

일을 할 때는 열정이 필요하다. 열심히 할 때는 아무도 감당할 수 없는 힘이 솟구쳐 나온다. 열정을 갖고 뛰어든다면 성공은 이미 시작된 것이다.

열정이 열정을 낳는다. 노력에 노력을 기울여야만 한다. 언제나 필요한 것은 긍정적 사고방식이다. 성공하려면 마음을 툭 터놓고 사람들을 대하며 살아야 한다. 긍정적인 사고는 사람들에게 긍정적인 영향을 준다. 모든 일을 긍정적으로 행하면 일이 잘된다. 긍정적인 마음이 자신감을 만든다.

하루의 일과를 끝내고
편안하게 잠드는 밤
홀가분하게 모든 것을 내려놓고
편안하게 단잠을 자며
행복한 꿈을 꾸자

지금, 이 순간은 지나가고 떠나면
다시 찾아오지 않는 소중한 시간이다

지금 이 순간은
꿈을 이루는 시간이다
희망을 펼쳐 나갈 수 있는 시간이다
사랑할 수 있는 시간이다

원하는 일 꼭 하고 싶은 일이 있다면
나중에 하며 서눌러서 핑계 대지 말고
지금 곧 시작하라

지금, 이 순간은 내 삶 속에서
단 한 번 찾아오는 소중한 시간이다
...

행복한 꿈 _중에서

휴식을
즐겨라

일할 때 일하고, 쉴 때 쉴 줄 아는 삶의 패턴도 중요
하다. 일에만 몰두한다고 모든 일이 잘되는 것은 없다. 피
곤은 일상의 권태가 찾아올 때 생겨나고 또 짜증스러울
때 파고든다. 멋진 삶을 살고 싶다면 일과 휴식을 잘 조화
시켜야 한다.

휴식을 가질 때 생각도 깊이 하고 재도약의 계기를 마
련한다. 휴식은 삶을 여유롭게 한다. 휴식을 가져야 여유
가 생기는 것을 알면서도 일을 제쳐 두고 쉴 수 있는 사람
이 그리 많지 않다. 중요한 것은 생활의 리듬이 긴장하면
에너지를 많이 쓰지만 휴식을 취하면 에너지가 축적될 좋

은 기회를 만든다.

올바른 생활을 하고 쉴 때 쉬면, 일할 때 필요한 에너지를 충분히 준비할 수 있다. 휴식을 제대로 취할 줄 아는 사람은 열정적으로 일을 한다. 휴식하면 마음이 부드러워지고 긴장에서 해방된다. 진정한 휴식은 마음에서부터 시작된다. 마음이 휴식을 취해야 몸도 휴식할 수 있다. 휴식은 긴장을 풀어주는 데서 시작한다.

날짜를 정해서 휴식하는 것도 좋지만 일하는 중간중간에 작은 시간이라도 틈을 내어 휴식을 취하는 것도 좋다. 일을 하기 위해 비행기나 기차, 버스를 탈 때도 휴식의 식단을 마련하는 것이다. 일을 하다가 잠시 의자를 젖히고 쉬어 보는 거다.

문제를 가득 안고 휴식을 취할 수는 없다. 몸과 마음이 온전히 쉴 수 있을 때 진정한 휴식이 된다. 휴식할 때는 편안한 자세를 취하고 어깨에 힘을 빼며 긴장을 풀어 준다. 휴식을 위해서는 잠을 푹 자는 습관을 갖는 것이 중요하다. 편안하게 잠을 자고 나면 힘이 넘친다. 자신에게 맡겨진 일을 잘 해내면 잠을 제대로 잘 수 있고 충분한 활동을 펼쳐 나갈 수 있다. 삶에 즐거움을 느끼면 그 즐거움이 모든 일을 하는 활력소가 된다.

카네기는 이렇게 말한다.

"행복한 일을 생각하면 행복해진다. 비참한 일을 생각하면 비참해진다. 무서운 일을 생각하면 무서워진다. 병을 생각하면 병들고 만다. 실패에 대해서 생각하면 반드시 실패한다. 자기를 불쌍히 여기고 헤매면 남에게 배척당하고 만다."

우리는 생각부터 바꾸어야 한다. 일할 때 열심히 일하고 휴식할 때 편안해하는 마음을 가져야 한다. 휴식을 잘하면 표정도 밝아지고, 표정이 밝아지면 대인관계도 원만하다. 물론 자신감은 더 충만해진다. 휴식을 취하고 나면 평안한 웃음이 나온다. 미소는 사람을 편안하게 해주고 상대방에게 마음의 여유를 준다. 그러나 피곤은 삶에 대한 부정적인 생각, 낙담, 원한, 불공평한 대우, 착취당한 느낌, 초조, 불안, 번민 같은 감정을 만들어 낸다.

누구나 서로 각자의 일을 할 때는
서로 다른 생각으로
서로 개성 있게 살아가야 한다

그래야 다양하게 변화가 있고
새롭게 발전하고 다양하게 많은 것을
생각하고 개발하여 만들어 낼 수 있다

누구나 마음과 생각이
각각 다르게 살아가지만
우리는 시시때때로 한마음 되어 살아가자

서로가 필요할 때마다
하나가 되어 한마음이 되어야
큰 힘을 발휘할 수 있고
혼자서는 못하는 일들을 해낼 수 있어서
세상이 살기가 좋아진다

한마음

고정 관념의
벽을 무너뜨려라

틀에 갇힌 고정 관념을 버리지 않으면 아무 일도 하지 못한다. 자기 능력을 사용하고 이를 통해 새로운 변화를 시도해야 한다. 시도하지 않으면 아무런 변화가 일어나지 않는다.

시작도 하지 않고 단절해 버리려고 하는 사람도 있다. 고정 관념에서 벗어나지 못했기 때문이다. 시도해 봤자 아무 소용이 없다고 여기면 아무것도 할 수 없다. 자기 능력을 발휘해서 하루하루의 생활양식을 바꿈으로써 정형화된 습관과 고정 관념을 변화시켜야 한다. 나는 안 된다고 생각하면 안 되고 만다. 나는 된다고 생각하라, 그리고 가능성을 찾아 도전해야 한다.

사람들은 시도해 보지 않고 경험해 보지 않은 세계를 두려워한다. 그러나 생각해 보라. 세상에 어느 분야에서나 성공한 사람도 역시 초보자였을 때가 있었다. 할 수 없다는 고정 관념의 틀을 깨고 알지 못하거나 하지 못했던 일에 도전하여 나가는 자신감을 가져야 한다.

변화란 이미 알고 있는 세계에서 새로운 의미와 체험을 시도해 나가는 것을 말한다. 단 한 번뿐인 인생을 모험도 없이 남의 흉내만 내면서 살아서는 안 된다. 고정 관념의 틀에서 벗어나 아무리 작은 부분이라도 새로운 변화를 추구하지 않으면 일을 성취해 내는 보람이 없다. 분명한 의욕을 가지고 삶에 새로운 변화를 줘야 한다.

에머슨은 이렇게 말했다.

"각각의 인간성에는 저마다의 아름다움이 있고 인간 저마다의 사고방식이 있다. 참다운 인간은 결코 규칙을 강요하지 않는다."

규격화된 틀보다 자유로운 사고 속에 자기 능력을 발휘해 나가야 한다.

먼저 달려가고 힘들어도 더 힘을 내어 달려가라. 어려워도 내일을 생각하며 한 번만 더 힘을 내고 허무한 생각이 나더라도 한 걸음 앞서라. 도전의 마음이 가득할 때 밝은 내일이 보이기 시작할 것이다. 산 밑자락에서 서성거리는 사람은 정상에 오르는 기쁨을 맛볼 수 없다. 산의 밑자락에서 벗어나 정상으로 올라가 보자.

이 세상에는 목표를 실현하는 과정에서 직접 참여하지 않고 지켜만 보거나 다른 사람이 이루어 놓은 일에 손뼉 치며 좋아하는 사람들이 있다.

남에게 손뼉만 치는 삶을 살지 말고 자신도 박수받는 삶을 살아가며 포기하지 않고 최후까지 웃게 만들어야 한다. 처음부터 끝까지 최선을 다한 사람은 지금도 웃고 있다. 그들은 자신이 한 일의 보람과 기쁨을 맛보고 살아왔을 것이다.

살기 힘든 세상 살아가기 위하여
차가운 세상 바람 이겨 내며
이마에 땀이 젖도록 뛰어다니며 살았다

어쨌든 살아 보려고 어쨌든 살아남으려고
가난과 차가운 시선을 이겨 내려고
두 주먹을 불끈 쥐고 이를 악물었다

현실 앞에 절실하게 쪼들린 몸과 마음을
홀로 숨죽이며 버티고 살아가며
사람들이 비난해도 귀를 모아 듣지 않았다

힘겨울 때는 울지를 않으려고
쓸쓸한 미소를 지으며 웃었다

고되고 벅차고 힘든 나날 속에서도
나의 내일은 빈 가지에 열매를 열리는
희망의 날이 될 것이라는 생각에
눈 딱 감고 한마음으로 가슴 뛰게 살았다

···

살기 힘든 세상 _중에서

매력이 넘치게
행복한 삶을 살아라

바닷물이 짜야 고기들이 살고 소금을 생산할 수 있다. 나무의 색깔은 초록이어야 푸르고 생기가 돌아서 자란다. 나뭇잎과 꽃잎이 검은색이라면 모두 다 성장하지 못했을 것이다. 자기 색깔이 분명해야 자신을 올바르고 아름답게 표현할 수 있다.

매력 있는 사람은 사람들의 눈길을 끈다. 매력은 사람을 당기는 힘이 있다. 단 한 번뿐인 삶을 멋있게 신나게 열정적으로 살아야 한다. 피와 눈물과 땀을 흘린 만큼 우리의 삶은 보람이 있다. 매력이 넘치는 삶을 살아야 한다. 그러면 다른 사람들이 닮고 싶어지는 마음이 생긴다. 매력 있는 사람과 같이 있으면 행복하다.

교양 있고, 옷차림도 멋있고, 부자라고 매력이 있는 것은 아니다. 어떤 사람은 상대를 불쾌하게 만들고 혐오감을 준다. 매력은 순수한 삶의 모습에서 나타난다. 꾸밈없는 모습 그대로 열심히 살아가는 사람들이 매력이 있다. 불의와 타협하지 않고 거짓을 용납하지 않고 자기가 노력하여 얻은 결과를 기뻐하며 나눔을 갖고 살아가는 사람은 매력이 있다. 남을 도울 줄 아는 사람, 남의 아픔에 동참해 주는 사람이 매력 있는 삶을 살아간다.

매력 있는 사람은 정신과 육체가 건강하고 삶이 정직하고 진솔하다. 사람은 인격이 성장해 가면서 건강도 개선되어 간다. 자신감을 가지면 그 결과로 힘과 활력이 나타난다. 괴로움, 아픔, 고민, 두려움, 슬픔의 둥우리에서 벗어나 활력이 넘치는 삶을 살아간다. 내일을 향한 비전을 갖고 살아간다. 그것이 바로 자신감이다.

사람은 두 가지 타입이 있다. 그 하나는 사람을 끌어당기는 매력이 있고 다른 하나는 혐오감을 주는 것이다. 매력 있게 사는 삶은 행복하다. 인간에게 무관심보다 무서운 것은 없다. 매력을 주는 삶을 살려면 겁쟁이가 되지 말고 담대한 사람이 되어야 한다. 자기 연민마저 떨쳐 버려야 매력적인 삶을 살 수 있다.

아주 예쁜 코와 눈과 입과 귀로 얼굴을 새롭게 만들어 보았더니 오히려 아주 못생긴 얼굴이 되었다고 한다. 사람들은 자기 나름대로 매력과 아름다움을 갖고 있다. 그러므로 약점을 극복하고 자기 한계를 뛰어넘는 매력적인 삶을 살아야 한다.

자기 매력의 포인트를 찾아 하루하루 발전시켜 나가는 것이 중요하다. 그러면 주위 사람들에게도 놀랄 정도로 매력적으로 살아가는 모습을 보여 줄 것이다.

힘들고 어려운 고비
어떻게 넘기면 살 수 있지 않겠느냐
이겨 내고 견디고 참고 버티며
마지못해 살아온 세월도 훌쩍 지나가 버렸다

살다 보면 좋아지겠지 세월이 흐르면 나아지겠지
위로하며 다독이며 울고 웃으며
눈치 보고 허덕이며 살아도 세월은 어느 사이에 떠났다

이제 좀 세상을 알 만한데
이미 흘러가고 떠나간 야속하기만 한 세월
다시 시작할 수도 없고 쓸쓸함에 눈물이 난다

시간이 흐르고 세월이 가면 괜찮겠지 하며
산다는 게 무엇인지 알게 되었을 때
각박한 세상 속에서 어찌할 수 없게 늙어 버렸고
추억 속 그리움의 마을에 과거가 살고 있다

산다는 게 무엇인지 알게 되었을 때

용서하고
용서하라

누구나 실수하고 잘못하여 죄를 지을 수 있다. 내가 먼저 용서하면 나도 용서를 받을 수 있다. 용서를 주고받으면 마음에 편안함이 찾아온다. 용서는 평화요, 우리의 삶을 행복으로 인도해 주는 길이다. 용서는 예수 그리스도의 십자가 사랑처럼 신비롭다. 우리가 남을 먼저 용서하지 않는다면 용서는 멀리 달아나 우리에게서 숨어 버릴 것이다.

용서란 무엇을 의미하는가? 인간적으로 공평함을 넘어서 절대로 넘어갈 수 없는 문제들을 너그럽게 용납하는 것이다. 죄의 책임에서 면제해 주는 그 이상의 일이다. 우리가 누군가를 용서해 준다는 것은 그의 실수를 눈감아 주고 그것에 대해 벌하지 않는 것을 의미한다.

우리가 용서를 말할 때는 실패나 죄를 용납하는 데서 그치는 것이 아니라 죄인까지도 감싸 주고 다시 일으키고 회복시켜 주는 것까지 말한다. 우리의 용서가 언제나 받아들여지는 것은 아니다. 화해의 손을 내밀 때 분노에서 벗어난다. 깊은 상처 자국까지 없어지기를 바랄 수는 없지만 그 상처를 가지고 다른 사람에게까지 고통을 주는 일이 없다.

용서는 잊어버리거나 눈감아 주는 것을 뜻하지 않는다. 용서하기 위해서 꼭 가해자와 직접 만나야 하는 것도 아니다. 용서한다는 것은 의식적인 결단을 통해 증오하는 행위를 멈추는 것을 의미한다. 증오는 전혀 유익함이 없다. 암처럼 사람의 마음에 퍼져 완전히 자신을 파멸시킬 수 있다. 그러므로 용서가 필요하다는 것을 부정할 수가 없다.

우리가 남을 용서할 때 자신감도 있다. 우리는 용서하기를 결심하고 용서하며 살아야 한다. 용서함으로 우리는 보다 더 나은 삶을 살아갈 수 있다. 특별한 삶, 자신감이 있는 삶을 살아가는 길이 용서이다.

우리의 마음이 남을 용서할 때 신뢰를 선물로 받을 수 있다. 용서하다 보면 정작 용서가 필요한 것은 자신임을 알게 된다. 그러므로 더 넓은 마음을 소유할 수 있고 충만한 기쁨을 갖게 된다.

용서라는 말에는 어딘지 모르게 따스함과 강한 힘이 스며 나온다. 용서는 너그러움을 나타내며 상처를 치유하고 재결합, 재창조하는 힘을 가진 신비스러운 말이며 행동이다. 용서는 엄청난 힘을 발휘한다. 용서할 능력과 자질이 있다는 것은 자기 삶에 책임을 가지고 있음을 나타낸다.

그러므로 평화와 기쁨을 누리며 살고 싶다면 용서해야 한다. 용서할 수 없으면 평생 상처 입는 길을 스스로 선택하여 가는 것과 같다. 흐르는 물에 떠내려 보내듯 용서하지 않으면 괴로움을 느끼는 것은 자신일 뿐이다. 용서는 과거다. 과거를 붙잡고 있을 필요가 없다. 밝은 내일이 우리에게 오고 있다. 용서하며 살아가자. 용서할 수 있는 사람은 행복하다.

이 험한 세상 살아가며
괴롭고 힘들어하는 사람들에게
마음에 생기가 돌도록
맑은 물이 되어 흐르고 싶다.

까칠하고 거친 사람들의
악하고 몰인정한 마음들이
얼키설키 엉킨 욕망이
깨끗하게 정화되도록
맑은 물이 되어 흐르고 싶다.

일에 지쳐 힘들고 사지가 오그라들도록
고달픈 사람들의 아프고 지친 마음속에
용기가 힘차게 샘솟도록
맑은 물이 되어 흐르고 싶다.

힘을 잃고 나약함에 빠져
갈 길을 잃고 헤매는 사람들 속에
강하고 담대한 마음을 갖도록
맑은 물이 되어 흐르고 싶다

맑은 물이 되어 흐르고 싶다

화를
내지 말라

자신이 잘못했거나 부족하여 실수한 것을 내보이기 꺼려질 때 화를 낸다. 화는 모든 불행을 만드는 최적의 재료다.

화를 내면 얼굴이 험악해지고 얼굴이 험악해지면 사람들이 멀리하고 사람들이 멀리하면 복이 찾아오지 않는다.

얼굴은 그 사람이 살아온 삶을 표현한다. 자기 얼굴이 일그러지지 않도록 즐겁고 기쁘게 살아야 한다. 화를 한 번 낼 때마다 몸의 세포가 8만 4천 개가 죽는다고 한다. 화를 잘 내면 병이 찾아오고 수명은 그만큼 단축된다.

화를 내는 얼굴은 흉악하게 보인다. 화를 내면 정이 떨어지고 가까이 가고 싶지도 않다. 우리가 만약 사람들에게서 "저 사람 화를 내는 것 좀 봐! 얼마나 성질이 더러우면 저럴까?" 하는 소리를 듣는다면 실패한 삶이다.

화를 낸다는 것은 내부에 도사린 질병을 폭로하는 것이다. 못된 마음의 쓴 뿌리를 드러내 보이는 것이다. 매사에 악한 마음과 감정이 부글거리는 거품이다. 그것은 방심하는 사이에 자기도 모르게 잘못된 감정의 나락으로 떨어지게 하는 길이다. 인간 영혼의 가장 깊숙이 숨겨져 있던 죄악의 표현이다.

화를 잘 내면 타인의 마음을 열 수가 없다. 화를 내는 것은 바로 인간관계에서 신뢰를 잃는 빠른 행동이다. 화를 내면 당하는 사람의 마음에 화가 그대로 쌓인다. 누구나 화를 잘 내는 사람을 멀리하고 싶어 한다.

화를 낸다는 것은 인내가 부족하기에 일어난다. 친절이 부족하기에 일어난다. 관용이 부족하기에 일어난다. 예의가 부족하기에 일어난다. 이 모두가 순차적으로 한꺼번에 밖으로 쏟아져 나오는 것이다. 화내는 것을 문제로 다루는 것만으로는 충분하지 않다. 우리는 화를 내는 근원을 잘 알아야 한다.

우리의 내적인 본질을 바꾸어야 한다. 우리의 영혼은 쓴물을 뽑아낸다고 달게 되는 것이 아니다. 무엇인가 다른 것을 넣어야 달게 된다. 화를 내려면 천천히 내라. 왜냐하면 성낸 말은 다시 돌아오기 때문이다. 화를 낸 말은 성낸 사람에게 상처로 돌아오게 되어 있다.

화를 내버리면 아무리 노력해도 그 독을 제거할 수 없다. 시위를 이미 떠나 버린 화살과 같이 성낸 말은 다시 쓸어 담아 제자리에 놓을 수 없다. 성낸 말이 입히는 상처와 고통은 그 소리가 상실된 뒤에도 괴롭힌다. 화를 내기보다 감싸 주고 사랑해 주고 살아가야 한다.

세상의 모든 일은 마음먹기에 달렸다. 화를 내기 보다는 여유가 있고 너그러운 마음을 갖는다면 사람들에게 호감을 사고 일이 더 잘 풀린다. 무조건 화를 낸다면 자기표현 방법에서 꽤나 부족해 보일 뿐이다. 종이에 그리면 그림이 되지만 마음에 그리면 그리움이 된다. 자기 삶을 추억해 보아도 후회가 없는 삶이라면 얼마나 멋진 삶인가!

용혜원
시인의
희망시

화가 날 때
잠깐만 다시 생각해 보세요
혹시 내 실수가 아닌가

화가 날 때
잠시만 생각해 보세요
혹시 내 판단이 잘못된 것 아닐까

화가 화를 부른다
마음의 여유를 갖고
조금만 인내하면 모든 것이 풀릴 수 있다

화가 날 때 조금만 이해하고 살자
마음이 풀리면 나도 좋고 너도 좋고
모두 다 좋으니 이해하며 살자

화내는 세상보다
이해하는 세상이 살기 좋고
화내는 세상보다
용서하는 세상이 살기가 편안하다

화가 날 때

PART 4
당신이 행복하면
나도 행복합니다

당신이 언제나 행복하게 사는 것이

내가 살아가는 이유입니다

당신과 함께 살아가는 삶 속에서

슬픔과 기쁨을 서로 나누며

꿈과 희망을 같이 이루어 갈 수 있음이

얼마나 간절한 소망입니까

문제를
충분히 해결하라

우리의 삶은 곧 문제이며 해답이다. 세상은 갖가지 문제로 얽혀져 있다. 우리가 살아 있기에 문제가 있지, 죽은 사람에게는 문제가 없다. 살아 있기에 문제가 일어난다. 그러므로 문제가 생기면 걱정만 하거나 불평만 하지 말고 해결하는 방법을 찾아야 한다. 문제의식을 지니면 항상 새로운 변화를 일으킬 수 있다. 문제가 있으면 해답도 있다.

우리는 쓸데없이 앉아서 자신의 작은 문제들을 손꼽으며 고민하는 어리석은 행동은 하지 말아야 한다. 누구나 잘 살펴보면 문제투성이다. 잘못된 문제의식은 두려움에서 온다. 모든 두려움을 훌훌 털어버리고 과감하게 모든 문제를 돌파해 나가야 한다.

눈에 보이는 문제가 있고 눈에 보이지 않는 문제가 있다. 문제를 해결하면 언제나 새로운 문제에 대처할 능력과 준비를 갖추어야 한다. 적극적으로 행동해야 한다. 문제가 일어나면 모른 척하거나 던져 버리지 말고 해결해야 한다.

변화를 원하지 않는다면 갖가지 어려운 문제에 부딪히지 않아도 된다. 그렇게 되면 삶이 무의미해지고 재미가 없어진다. 눈에 보이는 문제만 처리해서는 우리의 삶은 새로운 도약을 하지 못한다. 보이지 않는 문제까지 해결해야 발전할 수 있다. 자기 능력을 최대한 활용하며 살아가는 사람이 능력 있는 사람이다.

일하다 보면 도저히 해답을 찾아내지 못할 것만 같은 때가 있다. 불안하기만 할 때도 분명한 것은 하나의 답이 우리를 기다린다는 것이다. 우리에게 주어지는 갖가지 문제를 해결하기 위해서 중요한 것은 돌파하고자 하는 의식이다. 지식이 많아도 의식을 갖추지 못하면 아무 소용이 없다. 자그마한 문제가 일어나도 그냥 풀썩 주저앉아 버린다. 주변을 살펴보면 문제가 해결되지 않는다고 불평만 일삼는 사람들도 있다. 그런 사람은 문제도 모르고 해답도 모른다. 그런 사람은 자신감도 없고 문제의 핵심이나 해답도 못 찾는다. 그런 사람은 일을 성취하는 힘도 없어 열매를 맺는 기쁨을 맛볼 수가 없다.

문제와 답은 별것이 아니다. 문제 안에 답이 있다. 문제에서 답을 못 본 것은 문제를 제대로 파악하지 않았기 때문이다. 문제를 어떻게 해결하느냐에 따라 답이 달라지므로 제대로 문제를 알아야 엉뚱한 행동을 하지 않는다. 문제의 의미를 모르는 사람은 융통성이 없다. 문제와 답은 항상 일치한다. 문제 안에 답이 있고 답 속에 문제가 있다. 문제가 풀리지 않는다면 다시 문제로 돌아가서 풀어야 한다.

용혜원
시인의
희망시

문제 속에는 해답을 원하는
문제도 있지만
문제 속에는 기회가 있다

문제를 풀면
문제는 문제가 아니라 해답이 되고
새로운 기회가 찾아오는 것이다

물음표가 기분 좋은
느낌표로 새롭게 바뀌는 순간이다.

대부분 사람은 문제를 귀찮아하고
싫어하지만 문제가 없으면
아무것도 없다

문제로 골머리를 앓지 말고
슬기롭게 지혜롭게
문제를 풀고 앞으로 나가라

문제는 나를 위한 것이다.
나에게 당면한 문제를 풀고
내일의 문을 무진장 열고 나가자

...

문제 _중에서

남을
칭찬하라

칭찬은 마법의 지팡이다. 사람들은 칭찬받고 이해받고 싶어 한다. 우리는 칭찬받으면 기분이 좋아진다.

때로는 칭찬하는 말을 그냥 스쳐 지나가듯 말로 표현했어도 역시 마찬가지다. 대부분 사람은 남을 칭찬해 주지 않는다. 그것은 바로바로 삶에서 재미를 느끼지 못하고 생활 속에 기쁨을 찾을 수 없다는 증거다.

남을 칭찬해 주면 자신의 기분도 상쾌해진다. 남을 칭찬하기도 쉬운 일은 아니다. 칭찬을 하고 싶다면 남을 바라볼 때 단점부터 찾지 말고 장점부터 찾아야 한다.

키가 좀 작으면 어떤가, 비가 올 때 키가 큰 사람보다 비를 나중에 맞으니 여유롭지 않은가. 몸이 좀 뚱뚱하면 어떤가, 풍성해서 보기도 좋고 집에서 목욕할 때 물이 부족하면 탕에 들어가면 물이 찰 수 있으니 좋지 않은가. 몸이 좀 말랐으면 어떤가, 가벼워서 들어 쓸 수 있으니 장점이다. 남을 칭찬할 용기만 있다면 분쟁을 피할 수 있다.

칭찬은 적절한 시간이 중요하다. 하루에 한 가지 이상 어디서나 칭찬하는 자세를 가져야 한다. 칭찬은 사람의 마음을 움직이는 위력이 있다. 칭찬을 아끼지 말라. 칭찬은 미처 눈치를 채지 못한 점을 잘 표현해 주는 것이 중요하다.

상대방을 이해해 주고 긍정적인 마음을 가지면 살기 좋은 세상이 된다. 남에게 칭찬을 해줄 일도 많고 남을 칭찬해 주면 사람들이 좋아한다. 남을 칭찬할 수 있다면 희망을 나누고 기뻐하고 감사할 수 있다. 그리고 행복할 것이다. 가끔은 거울을 보면서 자기 자신을 칭찬해 주는 것도 좋다.

"그래 잘했어! 나는 멋지단 말이야! 앞으로 잘할 거야! 기대하며 살겠다!"

이렇게 하면 엔도르핀도 돌고 기분도 좋아지고 의욕도 생긴다. 진심으로 칭찬해 주어야 한다. 헛된 칭찬이나 거짓 칭찬을 해주면 사람들이 인정해 주지 않는다. 그렇게 되면 그 칭찬은 도리어 역효과를 낳고 부작용을 일으킨다.

우리네 삶은 한순간을 거치는 것이 아니라 일생을 거치는 과정이다. 그러므로 계절에 따라 삶의 열매를 맺어야 한다. 칭찬을 들으면 사람들은 자기 능력 이상을 발휘해 일의 효과를 나타낸다. 자기 자신을 칭찬해 보는 것도 좋다. 나도 남을 칭찬해 주지 않았다면 다른 사람들도 나를 격려해 주고 칭찬해 주지 않는다. 칭찬할 일이 있으면 즉시 하는 것이 좋다.

사람의 마음은 심중에 떨어지는
말 한마디에도 상처를 쉽게 받고
사람의 마음은 사랑받지 못하고
무관심 속에 있으면 상처를 받는다

사람의 마음은 홀로 은둔하면
쓸쓸하고 고독하여 상처가 생긴다

사람의 가파르고 힘든 삶에
지치고 힘들고 피곤이 쌓이면
몸과 마음에 상처가 깊어진다

상처를 받으면 위로가 그립고
칭찬이 그립고
친절이 그립고, 애정이 그립고
관심이 그리워진다

상한 마음 병든 마음 악한 마음
시든 마음 악한 마음을 살펴 가며
스스로 마음을 가다듬고
온전한 마음으로 살아야 한다

...

마음 고치기 _중에서

마음의
여유를 갖는다

성격이 조급하고 안달하는 사람들은 성공하기가 어렵다. 그들은 늘 해보지 않은 일에 대한 두려움을 가져서 도전하기 좋아하지 않는다. 성공하는 사람들은 마음에 여유가 있다. 그들의 마음은 큰 그릇으로 표현되어도 좋다.

삶의 여유를 갖는다는 것은 단순하게 살아간다는 일이다. 우리의 삶이 쓸데없이 복잡하여서 마음의 여유를 갖지 못한다. 다양한 일을 한다고 뛰어난 인물은 아니다. 비록 단순할지라도 하나의 일에 명장이 된다면 그 사람이야말로 보람이 있는 삶을 사는 것이다.

우리가 지나치게 여러 일에 관여하면 마음의 여유를

갖지 못한다. 회의에 많이 참석하면 삶의 회의를 느낀다는 말이 있다. 삶을 스스로 복잡하게 만들어 분주하게 살아갈 필요는 없다. 많은 사람이 분노하거나 서둘러서 힘과 열정을 소비하여 불필요한 곳에 모든 것을 낭비하는 일이 많다.

성공하는 삶을 살려면 서두르지 말고 여유를 갖고 차분하게 전진해 나가야 한다. 서두른다는 것은 그만큼 마음이 불안하고 여유가 없다는 것이다. 차분하게 마음을 먹고 여유를 지닐 때 때 삶의 활기가 넘친다. 어떤 분야든지 처음부터 대단한 실력자가 나오지 않는다. 성공할 때까지 기다림과 노력, 그리고 열정이 필요하다.

최고의 연설가들도 연단에 설 때 항상 두려움이 생긴다고 한다. 그런데 이들에게 공통점이 있다. 그것은 바로 연설을 앞두고 긴장하면 아드레날린이 충만해지고 정신이 바짝 차려지며 말하고자 하는 바를 더 정확하게 전달하려는 의욕이 생긴다는 것이다.

긴장을 여유로 전환할 힘이 바로 성공하는 사람들에게서 나오는 특징이다. 두려웠던 일을 해나가며 성공을 만들어야 한다. 그러면 두려움은 사라지고 넉넉한 마음의 여유가 생긴다. 노련함은 수많은 경험과 기술 축적에서 나온다. 모든 일이 제 위치를 찾을 때 마음이 안정되고 여유가 생긴다.

우리의 마음속에 바라는 것들을 그림으로 잘 그려보는 것도 좋다. 잠재의식은 우리의 삶을 만들어 준다. 증오는 마음속의 지독한 독을 품게 한다. 용서와 사랑은 해독제이다. 이 해독제를 사용하면 모든 미움은 사라지고 마음의 평화를 얻을 수 있다. 미움이나 원망, 질투하는 감정은 우리의 잠재의식에 쉽게 남는다. 우리는 항상 사랑과 선의의 마음을 가져야 한다.

마음이 나약할 때 마음이 흔들릴 때
걱정이 슬그머니 찾아와
마음을 흔들어 놓는다

이골이 나도록 걱정하지 마라
걱정이 마음의 그늘을 만들고
걱정이 이루어 놓은 것은 하나도 없고
아무것도 해결해 놓지 못한다

걱정을 우려먹으면 마음을 상하게 만들고
몸을 허약하게 만들고
생각이 빈약해 우물 안 개구리로
행동을 연약하게 만든다

머릿속에서 걱정할 시간에
몸을 분주하게 움직여 행동하라
걱정이 서서히 얼굴을 감추고
몸을 감추고 사라질 것이다

올곧게 살아 걱정이 떠나면
웃음과 행복이 기쁘게 찾아오는
발걸음 소리가 들릴 것이다

...

걱정하지 마라 _중에서

성취하려는
의욕이 넘쳐야 한다

성공은 성취하려는 의욕에서 출발한다. 의욕이 없으면 성공을 향한 출발이 쉽지 않다. 인생에서 할 일은 다른 사람을 이기는 것이 아니라, 우리 자신을 이기는 것이다.

말 속에는 모든 것이 담겨 있다. 어떤 말을 하고 사느냐에 따라 삶의 모습이 달라진다. 희망의 말, 절망의 말, 사랑의 말, 비난의 말 등 모든 말들이 모여 삶의 다양한 모습을 만들어 낸다. 우리는 희망적인 말로 성공을 만들어 가야 한다. 말이 모든 것을 만들어 낸다.

나는 언제나 소중한 단 한 사람이다. 자신을 소중하게 생각하는 힘과 의욕이 있어야 능력이 발휘되어 성공을 만들어 낸다. 자신의 존재 가치를 분명하게 아는 사람은 어떠한 형편에서든지 그 가치를 찾는다. 그리고 어떤 악조건이나 불리한 상황도 바꿀 힘이 있다. 이것이 바로 의욕이다. 나의 지금 상황이 어떠하든지 자신의 존재 가치를 인정하고 최선을 다해야 한다. 자기 자신이기를 절대로 포기해서는 안 된다.

위대한 일을 한 사람들은 뜻밖에 열등감을 많이 가졌다. 그들은 빈곤, 육체적 열성, 신분, 집안, 학업성적 때문에 지독한 열등감을 가졌다. 그들은 이 모두를 새롭게 가꿀 기회로 삼아 성공을 만들었다. 우리가 자신감을 잃어버리면 인간적 성장이 멈추고 학업성적도 점점 나빠진다. 자신감으로 충만할 때 성공은 우리의 품 안으로 찾아 들어온다. 우리의 삶을 성공으로 만들어 가는 의욕이 있는 사람이 큰 꿈을 이루어 간다.

자신감을 느끼는 것은 우리의 삶을 성공으로 이끌어 가는 원칙이다. 자신감이 모든 문제를 해결하는 출발점이다. 자신감을 지니지 못하면 프로 의식도, 만족함도 얻지 못한다.

자신감을 느끼기 위한 첫걸음은 모든 원인을 자신에게 돌리는 것이다. 자신을 과신한다든지 과대평가, 아니면 과소평가해서도 자신감은 생겨나지 않는다. 냉정하게 자기 능력을 판단하고 취약한 점을 발견하여 보충하려는 노력을 끊임없이 해야 한다. 자기 능력에 안주한다거나 체념하지 말고 자기 계발을 해나가야 한다. 처음부터 자신감이 충만한 사람은 없다.

우리에게 많은 재능이 있어도 그 숨은 재능을 잘 활용하지 않으면 자신감 있게 살아갈 수 없다. 성공을 향하여 큰 걸음으로 달려가 보는 일도 중요하다.

꿈과 희망을 기록하고 실행하라
꿈과 희망을 기록하면
목표가 뚜렷하고 분명해진다

목표가 선명하고 분명하면
확고한 도전 의식이 발동하고
몸과 마음을 분주하게 움직이고
활발하게 행동하며 실행한다

꿈과 희망을 이루기 위하여
뜨거운 열정과 자신감으로 도전하라
꿈과 희망을 이루기 위하여
앞으로 나가며 실행하고 도전하라

갈팡질팡 헤매던 절망과 고통의 끝에서
꿈과 희망을 이루고 싶다면
분명하고 확실하게 기록하고
생각과 마음에 새겨 놓아라

선명하게 꿈이 이루어지는
기적을 눈앞에서 똑똑하게 볼 것이다

...

꿈과 희망을 기록하고 실행하라 _중에서

멈추지 말고
계속 행동하라

우리의 몸에 피가 돌지 않으면 죽음이 찾아온다. 강에 물이 흐르지 않으면 강이 아니다. 살아 있는 모든 것은 성장을 멈추지 않는다.

성공하는 사람도 성장을 멈추지 않는다. 목표가 분명한 사람은 어떤 장애물 앞에서도 주저하지 않는다. 절망에 빠져 포기하지도 않는다. 어떤 장애물 앞에서도 앞만 보고 열심히 달려간다. 성공이라는 꿈은 자신을 돌아보게 만들고 마음을 새롭게 다잡아 준다. 우리가 하는 일을 향하여 꿈의 날개를 활짝 펼치게 한다.

우리는 단 한 번의 삶을 살면서 여러 변화를 만난다.

삶의 단계를 거치며 다양한 사람들과의 만남에 적응하기 위해 행동을 한다. 어떤 사람은 적응을 잘하고 어떤 사람은 위기를 성장하는 계기로 만들기도 한다.

실패는 우리의 삶에 반드시 찾아오는 손님이다. 그 손님은 언젠가는 떠난다. 우리에게는 좌절보다 희망을 안고 행동할 이유가 있다. 한 가지 일에 꾸준히 열정을 쏟아 낸다면 그 모든 노력은 처음에는 별것 아닌 것 같지만 나중에는 커다란 결과를 이루어 낸다.

실패를 두려워해서는 성공할 수 없다. 성공한 사람들은 대부분 실패의 쓴잔을 수없이 마셔본 경험이 있다. 성공과 실패는 종이 한 장 차이다. 손바닥의 양면과 같다. 그러므로 모든 어려움을 이겨내는 힘을 가져야 한다. 실패를 성공의 기회로 만들어 가야 한다. 실패가 없는 성공은 감격이나 감동도 없다. 실패를 경험한 성공이 진정한 성공이다.

성공과 실패에는 분명한 분기점이 있다. 긍정적인 마음과 가능성을 찾아내는 안목이 있느냐 없느냐에 따라 성공과 실패는 갈라진다. 특히 가능성을 찾아내는 눈은 성공하는 데 매우 중요하다. 가능성은 꿈을 찾는 것이다.

꿈은 마음으로 강력하게 원해야만 현실이 된다. 즉 앞으로 이루어질 일을 기대하며 끈기 있게 실천해 나갈 때 가능성은 현실이 된다. 우리는 유행이나 상황에 따라 흔들려서는 안 된다. 다른 사람의 부속품처럼 살아서도 안 된다.

우리가 엔진이 되어서 주체적으로 움직여야 한다. 그래야 살맛 나는 인생을 누릴 수 있다. 누구나 그 사람의 생각에 따라서 그 사람의 크기가 결정된다. 즉 그 사람의 생각만큼 그 사람이 된다. 그 사람의 생각만큼 그 사람이 하는 일을 이룬다.

사상가 힐티는 그 사람의 하루 생활이 그날 아침에 일어나 생각한 만큼 이루어진다고 했다. 우리 생각이 긍정적이면 우리의 행동도 긍정적으로 된다. 우리는 날마다 적극적으로 살아야 한다. 산이 높다고 포기해서는 안 된다. 한 걸음씩 도전하여 정상에 올라가야 한다.

어림없는 것들을
탐내는 것은 가장 어리석은 일이다
자신의 소박한 꿈을 이루어 가는 것이
순수한 마음이다

고난과 역경 속에서 모든 것을 이겨 내며
하나씩 하나씩 이루어 갈 때
얼마나 보람이 있고 기분이 좋은가

꿈을 하나씩 이루어 갈 때마다
성취감 속에 강한 힘이 생긴다
꿈을 하나씩 이루어 갈 때마다
내일은 어떤 일이 있을까 기대감이 생기고
좋은 일들이 일어나기를 원한다

어림없는 것을 얻으려고 기웃거리고 발버둥치며
괴로워하기보다 헛된 것은 마음속에서 지워야 한다
소박한 꿈을 하나씩 하나씩 이루어 가면
희망의 내일이 기쁨 속에 만들어진다

어림없는 것들

절망의 계단을
딛고 일어서라

성공한 사람 중에 뼈저린 통한의 눈물을 흘려보지 않은 사람은 없다. 우리는 머릿속에서 절망의 잠재의식을 버려야 한다. 성공하기를 원한다면 이미 개척해 놓은 길이 아닌 누구도 가지 않은 새로운 길을 개척해야만 한다.

무엇을 하려고 할 때 희망을 품지만 수시로 우리를 절망하게 하는 일들이 일어나고 그러한 생각들이 찾아온다. 우리가 소극적인 생각과 행동을 하면 절망은 우리의 마음에 둥지를 만들려고 한다.

우리는 어려움을 당하면 당할수록 '나는 이겨 낼 수 있다.'는 강하고 담대한 마음을 가져야 한다. 절망을 희망으로 바꾸어 놓은 사람이 진정으로 성공하는 법이다.

어떤 일이든지 시작하기란 쉽지만 단념하지 않고 계속하기란 쉬운 일이 아니다. 도중에 질려 버리거나 절망하기 때문이다. 나태해지고 자신의 한계나 어려움을 느껴 내버려 두고 싶다. 우리는 절망의 계단을 딛고 일어서야 하며, 자신이 하고자 하는 일을 계속하여 추진해 나가는 것이 중요하다.

고난과 역경을 이겨 내면서 성장해야 한다. 힘든 노력 없이 획득한 성공은 아무런 가치가 없다. 역경이 없으면 성공도 없고 목표가 없는 삶은 아무런 결과를 얻을 수가 없다. 우리의 삶은 도전의 연속이다. 그러나 내딛지 않으면 아무런 일도 일어나지 않고 성공의 문턱에도 들어갈 수가 없다. 대부분 사람은 발등에 불이 떨어지지 않으면 아무것도 하지 않는다.

우리는 생각만으로는 아무것도 할 수 없다. 모든 절망의 계단에 담대하게 올라서야 한다. 하고자 하는 일을 용감하게 행동에 옮겨야 한다. '만약에'라는 말은 무기력과 잠꼬대만을 만든다. 그것은 가능성이라는 밭에 울타리를 쳐놓고 스스로 의욕을 가로막는 것과 같다.

우리에게 확신은 매우 중요하다. 확신 없이는 사람의 마음을 움직일 수가 없다. 확신 없이는 힘이 솟아나지 않는다. 자신이 나갈 방향을 확고히 알고 자기 정당성을 조금도 의심하지 않는 사람은 진짜 힘을 가지고 있다.

자기에 대해 확신이 강한 사람은 혼자서 공동 사회 전체를 이끌고 나갈 수 있다. 그 사람이 말하는 것이라면 무슨 말이든 들을 것이고, 그 사람을 위해서라면 무슨 일이든지 하겠다고 할 것이다. 여러 사람으로부터 신임을 받는 사람은 분명히 자기가 말하는 것에 확신을 갖는다.

우리에게 확신이 없으면 평화도 없다. 같은 시간에 두 방향으로 끌려가는 사람에게는 평화가 있을 턱이 없다. 확신이 없으면 위안도 없다.

유혹이 손짓하고
욕심이 손 뻗을 때 어찌하겠는가

사리사욕에 눈 어두워 욕심에 손 붙잡혀
노예가 되어 비참하게 살겠는가

돌이키고 깨달아 선한 삶을 살아야
사람답게 사는 것이 아닌가

생각하라 바로 서라
소중한 삶을 유혹과 욕심으로
함부로 더럽히지 말라

유혹을 부르지 말고
욕심에 사로잡혀 악으로 치달아 달려가면
삶이 초라하고 불행해질 뿐이다

흘러가는 세월을 아껴라
눈앞에 보이는 충동에 어리석은 삶을 살지 말라

항상 착한 일 속에 늘 감사하며
편안함을 누리며 살아가자

유혹의 욕심

신뢰하는
마음을 갖는다

성공하는 사람은 신뢰를 쌓는다. 남들이 자신을 신뢰하게 만들고 나도 남들을 신뢰하는 마음을 가져야 한다. 우리가 신뢰받기 위하여 가져야 할 덕목이 있다.

신뢰받기 위한 덕목에는 정의로움이 함께 한다. 덕목을 비행기로 비유해 본다면 정의로움은 엔진에 비유해 볼 수 있다. 엔진에는 추진력이 필요하다. 그러나 비행기가 날기 위해서는 추진력만으로 부족하다.

비행기를 조종할 사람이 필요하다. 신중함이 조종사에 해당한다. 그리고 용기와 절제는 비행기를 띄우는 양쪽 날개에 해당한다. 날개가 없으면 비행기는 추락한다.

용기는 절제로 균형을 잡지 않으면 결국 비행에 실패한다. 신뢰하는 마음도 마찬가지다 모든 것의 조화가 이루어져야 좋은 인간관계를 가질 수 있다.

우리가 사람을 만나거나 무슨 일을 할 때 불신으로 시작하면 불신을 낳게 된다. 신뢰하면 신뢰를 낳게 되어 있다. 이것이 삶의 법칙이다. 우리는 신뢰를 주고받으며 살아가야 한다. 신뢰는 한 번 잃으면 회복하기가 힘들다. 신뢰는 성공을 만드는 힘이 된다. 우리는 신뢰할 만한 이미지를 그려 내고 진실하게 행동해야 한다.

개인이나 기업의 성공에 절대적으로 영향을 미치는 힘은 바로 부정적인 마음이 아니라 긍정적인 마음이다. 긍정적인 마음은 신뢰를 만들어 준다. 신뢰하는 마음을 가지려면 상대의 말을 잘 들어줌으로써 상대가 최고라는 평가를 해준다면 그것보다 더 값진 예우는 없다.

한 양화점의 직공이 있었다. 그는 쇠가죽을 구두본에 맞추어 재단한 뒤 물에 담가 두어 가죽이 단단해지도록 두드려 구두창을 만드는 일이 늘 번잡스럽다고 생각했다. 하지만 좋은 구두를 만들기 위해서는 피할 수 없는 일이었다.

그러던 어느 날 직공은 다른 양화점의 직공이 구두창을 두드리지 않고 구두를 만드는 모습을 보았다. 다른 양화점의 직공은 이렇게 말했다.

"무엇을 하려고 가죽을 두드려요? 하나라도 더 많이 만들어서 더 팔아야 하는데 그걸 두드리고 앉아 있을 시간이 어디에 있어요?"

이 말을 들은 직공이 돌아와 사장에게 건의했다. 사장은 이렇게 말했다.

"무슨 일을 하든지 마음을 다하여 신께 하듯 하고 사람에게 하듯 하지 말라고 하셨네. 나는 돈만을 벌기 위해 구두를 만드는 것이 아니네. 사람에게 기쁨을 주고 신의 영광을 나타내기 위해 일하는 것일세!"

우리가 돈만 위해 일한다면 결코 신뢰하는 마음을 주고받지 못할 것이다. 우리가 성공을 위한 참된 수고를 해야 삶의 가치를 본다.

당신이 행복하면
나도 행복합니다

당신이 언제나 행복하게 사는 것이
내가 살아가는 이유입니다

당신과 함께 살아가는 삶 속에서
슬픔과 기쁨을 서로 나누며
꿈과 희망을 같이 이루어 갈 수 있음이
얼마나 간절한 소망입니까

당신이 기쁘면
나도 기쁩니다

당신이 언제나 즐겁게 사는 것이
내가 사랑하는 삶의 목적입니다

당신과 같이 살아가는 삶 속에서
고통과 아픔도 함께 나누며
삶에 감동과 감격을 만들어 가는 것이
마음속의 간절한 바람입니다

당신이 행복하면 나도 행복합니다

삶을 즐길 줄 아는
사람이 돼라

성공하는 사람들은 분주한 중에도 자기 삶을 즐길 줄 안다. 마음가짐과 정신을 새롭게 하면 모두가 새롭게 변한다. 삶의 긴장이 느껴질 때 더 박진감이 넘치고 새롭다. 자신 속의 잠재력을 믿고 도전한다면 성공을 이루어 낼 수 있다.

즐겁게 살아가면 웃음이 넘친다. 웃음은 온몸을 운동시켜 주고 마음을 운동시켜 준다. 웃음은 몸 전체를 움직이게 해주고 마음의 긴장도 풀어주고 생기 넘치게 해준다. 그러므로 때로는 마음을 가볍게 하고 진지함을 덜어내며 즐거운 시간을 많이 가져야 한다.

자신의 언행을 마음속으로 부정하고 있으면 병을 절대로 고칠 수가 없다. 웃음과 즐거움은 우리의 병도 고쳐낼 수 있다. 삶을 즐겁게 살아가라.

이 세상에서 가장 행복한 사람은 누구일까? 바로 자기가 원하는 일을 하고 일을 통해 얻은 성공의 삶을 즐기는 사람이다. 우리의 삶도 하나의 예술 작품이다. 그러므로 창작하는 즐거움을 느끼고 살아가야 한다.

에디슨은 하루에 18시간 이상 일했지만, 자기 일을 즐거운 오락이라고 말했다. 제 일을 즐겁게 하는 사람이 성공한다. 즐겁게 일해야 능률도 오르고 성과도 좋아진다. 우울하고 어두운 사람은 아무에게도 호감을 주지 못한다. 밝고 쾌활한 사람의 주변에는 사람들이 몰려든다.

단 한 번뿐인 삶은 소중하다. 웃고 즐겁게 일해도 짧은데 어둡고 칙칙한 모습으로 한탄하며 지낸다면 불행만 찾아와 노크할 뿐이다. 우리는 날마다 즐거운 마음으로 삶을 즐기며 살아야 한다.

마음이 어두워지는 것은 자신도 모르게 부정적인 생각과 불길한 마음이 생겨나기 때문이다. 매사에 어두운 쪽으로 생각하는 나쁜 버릇에 어느덧 익숙해진 까닭이다. 우리는 밝고 즐겁게 살아야 한다.

들에 핀 들꽃을 가만히 바라보면 알 수 있다. 작은 풀꽃들도 빛을 향하여 자라나고 빛을 좋아한다. 삶을 즐겁게 살아가는 사람들은 성공이라는 꽃을 활짝 피우고 열매를 풍성하게 맺는다.

삶을 열심히 사는 것도 중요하지만 맹목적으로 열심히 산다면 무미건조하고 아무런 의미가 없어진다. 우리의 삶도 하나의 무대로 꾸며 제대로 된 연출을 해볼 필요가 있다. 명랑하고 즐겁게 살 때 재미가 있고 성취감이 높아진다. 우리가 그토록 원하던 행복과 성공의 문턱을 넘을 수 있다.

지금 하고픈 일이 있다면 어서 하라
시간이 지나가면 다시 못할지도 모른다
사람의 마음은 수시로 바뀔 수 있으니
지금 할 수 있다면 마음 변하기 전에 빨리하라

지금 하고픈 사랑의 말이 있다면 얼른 하라
오늘이 흘러가면 다시는 기회가 없을지도 모른다
사랑하는 사람이 곁을 떠날지도 모르니
사랑의 고백을 하고 싶다면 어서 입을 열어 하라

지금 용서를 하고 싶다면 어서 찾아가서 용서하라
오늘이 어제가 되어 버리면 이 마음이 될지 모른다
이 순간이 오지 않으면 용서 못 할 수도 있으니
마음의 문이 닫히기 전에 속 시원하게 용서하라

지금 어려운 이웃에게 나누고 베풀고 싶다면
뒤돌아 보지 말고 어서 빨리 당장 시작하라
베풂과 나눔에 누군가 마음이 행복해진다면
우리가 삶을 살아갈 분명한 이유가 된다
시간이 지나고 후회하기 전에 어서 빨리 시작하라

지금

어려움을
당할 때 기도하라

기도는 신앙의 맥박이요, 생명이요, 영혼의 호흡이며 하나님과의 대화다. 기도는 하나님과의 대화 속에서 인간의 마음을 표현하는 것이다. 기도가 자연스러울수록 하나님께서 그만큼 더욱 가까이 찾아오신다. 기도는 서로 사랑하는 사람들 사이의 대화다.

세상에서 살아가는 동안 유혹과 시험에서 완전히 벗어날 수 없다. 우리가 시험을 당하는 가장 큰 이유는 완전하게 거룩할 수 없기 때문이다. 시험을 당할 때 인간은 두 가지 모습으로 반응한다. 하나는 시험을 극복하지 못하고 타락해 버리는 모습이다. 또 하나는 시험에서 벗어나려는 노력을 하다가 또 다른 시험에 빠져서 자기 의지가 아닌 하나님의 도움으로 시험을 극복하는 모습이다.

믿음의 가장 큰 표현은 기도이다. 믿음이 없이는 기도 드리지 못한다. 믿음이 있는 사람은 항상 끊임없이 기도를 드린다. 문제를 만나면 더욱 매달리면서 문제 해결을 위하여 끈기 있게 기도를 드린다.

한 농부가 있었다. 그는 넓은 넓은 동인 기다란 바위를 피해 주위의 밭을 갈아 농사를 지었다. 그런데 그 바위에 쟁기 두 개를 부딪쳐 망가뜨렸다. 농부는 바위가 얼마나 골치덩어리였는지 볼 때마다 속상했다. 하루는 농부가 그 자리에서 바위를 캐내어 없애 버리기로 작정했다. 커다란 지렛대를 한쪽 밑에 밀어 넣자 뜻밖에도 땅속으로 아주 얕게 바위가 박힌 것을 알았다.

우리 앞에 다가오는 모든 장애가 이 바윗돌처럼 쉽게 제거되는 것이다.

많은 사람이 영적으로 침체한 삶에서 벗어 나려면 기도를 더 많이 하면 된다. 기도와 삶은 떼려야 뗄 수 없다. 항상 기도하자. 쉬지 말고 기도를 하자. 늘 깨어서 기도하자.

기도는 크고 작은 어려움에 처했을 때 효과적으로 해결하는 방법이다. 우리가 기도하면 때로는 하나님께서 우리의 어려움을 없애 버리실 때도 있고, 어떤 때는 우리의 어려움이 생각했던 것보다 훨씬 더 작은 것이었음을 알게 해준다.

어떤 장애물은 꿈쩍도 하지 않는다. 그럴 때는 그 어려움을 견디고 살아가는 법을 배워야 한다. 이때 기도는 하나님의 지혜와 능력과 인내를 우리 안에 흘러 들어오게 해주는 통로가 된다. 우리 앞에 놓인 문제를 기도 능력으로 해결해 주는 것은 우리를 근심의 희생자가 되지 않도록 도와주는 것이다.

그때 나는 무엇을 당신께 드릴까요
살아온 길 뒤돌아보면
눈물밖에 드릴 것이 없는데

당신이
나를 사랑한다는 그 말씀
엄청난 은총에
평생을 나눔이 되고자 합니다

나의 삶 동안
한 발짝 한 발짝
걸어 설 때마다
사랑을 간직하게 하소서

나의 심장이
마지막 뛸 순간까지
사랑한다는 그 말씀
잊지 않게 하소서

사랑한다는 그 말씀에
나의 삶이 넘칩니다

그때

자기가 하는 일에
자부심을 품어라

열정적인 사람의 얼굴에는 웃음이 있고 강한 확신이 있다. 여름날 시원스럽게 쏟아지는 소나기처럼 온 세상을 적실 열정이 있다면 그만큼 인생을 살아갈 가치가 있다. 삶은 그렇게 온몸에 젖어 드는 비처럼 살아야 한다.

사람은 태어날 때 세 가지 몸짓을 하면서 태어난다. 울고, 쥐고, 발버둥을 친다. 그 모습 그대로 일생을 사는 것이 삶이다. 그러나 삶의 가치를 느끼는 사람은 욕심보다는 나눔의 삶을, 미움의 삶보다는 사랑의 삶을 살기를 원한다.

지금 하는 일에 열정을 다해 사랑하며 산다면 결코 후

회하는 일이 없다. 날마다 기뻐하는 일들이 많이 일어날 것이다. 자신의 삶을 어떻게 펼쳐 나갈 것인가 하는 기대감을 지녔다면 좋은 결과를 얻어낸다.

목표가 분명하면 멋진 삶을 펼쳐 나갈 수 있다. 활을 쏘는 궁사는 과녁을 분명히 보고 화살을 쏜다. 비행기 조종사도 분명한 목적지를 향해 비행을 시작한다. 예술가도 사람들의 마음을 움직이는 명작을 만들어 낸다. 위대한 포부가 있는 사람은 위대한 일을 만들어 낸다.

언제나 성공과 실패의 두려움은 있기 마련이다. 그러나 두려움 때문에 자기가 원하는 직업을 갖지 못하거나 자기가 하는 일에 자부심을 품지 못하는 어리석음을 보이지 말아아 한다. 자기의 직업에 자긍심을 가지면 힘을 다해 어떤 방해도 이겨 내고 성공할 발판을 마련할 수 있다.

나이가 들수록 비전을 더 가져야 한다. 자신이 원하고 죄가 되는 일이 아니라면 자부심을 품고 일해야 한다. 우리에게 비전이 있을 때 삶은 더욱 활기에 넘친다. 자부심은 확실하고 강한 힘이다. 확신과 자부심을 품고 일을 한다면 실패는 없다.

오늘을 사는 것은 영원을 위하여 산다는 고귀한 의미가 있다. 최선을 다한 바로 이 순간을 위하여 살아가는 것은 내가 해낼 의무다. 우리가 성공하려면 적극적으로 자신을 표현해야 한다. 우리 삶의 목표가 부끄러움 없이 따뜻한 세상 만들기였으면 좋겠다.

쓸모없는 인생 꺼벙하여 가치가 없고
세상사 자기 일에 아무런 관심이 없고
무관심 속에 인정받지 못하고 있다

자기 스스로 깨닫고 알고 달라지면
아무 쓸모없고 가치 없던 인생이
어디서나 쓸모가 많은
대단한 의미와 존재 가치가 있는
참다운 인생이 될 수 있다

쓸모 있는 인생이 되면
매사에 강한 추진력이 생기고
넘치는 힘과 역동감이 생기고
뜨거운 열정 속에 자신감이 살아난다

삶을 살아가는 존재감이 살아나
매사가 즐겁고 행복과 기쁨이 넘치고
꿈과 희망을 이루어 가는
역동적인 감동이 넘쳐난다

...

쓸모 있는 인생 _중에서

사람들과의 만남을
편하고 여유롭게 하라

어떤 날은 촛불 하나만 켜놓고 가만히 앉아 있고 싶을 때가 있다. 어떤 날은 온종일 누워 꼼짝 하지 않고 있으면 좋을 날도 있고, 어떤 날은 사람들을 만나 한바탕 떠들고 싶을 때도 있다. 우리는 살아가면서 수많은 사람과 만나고 헤어지며 살아간다.

다양한 사람과의 만남에서 기쁨, 슬픔, 분노, 즐거움을 맛본다. 인간관계에서 우리는 모두 진실하기를 원하며 좋은 인연을 맺고 싶어 한다. 사람과의 만남의 기본은 어떻게 사람을 사귀느냐에 따라서 달라진다.

우리의 만남은 어떠한가? 배우자 혹은 친구, 직장 동

료들과 좋은 인간관계를 유지하는가? 그렇다면 이런 행동을 하지 않을 것이다. 비방하기, 무분별한 말을 하기, 남을 무시하기, 남에게 상처를 주는 농담을 하기, 경청하지 않음, 잘못한 것을 인정하지 않음, 무례함, 남의 의견을 얕잡아 보기 등 이런 유의 행동은 사람들과 만남을 파괴하고 과거의 상처를 치유하는 데 방해가 된다.

만남 속에서 모든 것이 이루어진다. 우리의 삶은 누구를 어떻게 만나느냐가 중요한 것이다. 생판 모르던 사람들도 서로 통성명하고 따뜻한 인사말을 나누고 악수를 청하면 가까워진다. 웃으며 대화를 나누고, 공감해 주고, 고개를 끄덕이고, 덕담 한 마디 주고받으면 벽이 허물어지고 친근한 사이가 된다. 이웃과 잘 지내는 사람이 그렇지 못한 사람보다 인생이 아름답고 풍요롭다.

우리가 어떤 사람을 향해 친절하게 웃는다면 상대방도 웃음으로 화답할 것이다. 하지만 우리가 어떤 사람에게 성내고 짜증을 낸다면 그 사람도 짜증을 내며 이에 대응할 것이다. 이것은 바로 행한 대로 돌아오는 삶의 법칙이기 때문이다.

만약 누군가에게 선행을 베풀었다면 그 선행은 반드시 어떠한 보답의 형태로든 되돌아오며, 악행을 저질렀다면 어떠한 형태로든 다시 돌아온다. 감정도 마찬가지다. 상대에게 좋은 감정을 가지고 호의를 보인다면 호의로 돌아온다. 좋은 만남은 살아가면서 행복한 일이다.

영화 '이보다 좋을 수는 없다'에서 여자 주인공이 남자 주인공에게 말한다.

"나에게 칭찬하는 말을 해주세요!"

이 말은 들은 남자 주인공이 여자 주인공에게 말한다.

"내가 당신을 만나서 좋은 사람이 되었다!"

이 얼마나 멋진 만남인가. 나는 대학 시절 때부터 사람을 만나면 이런 말을 자주 했다.

"나를 만나면 당신에게 좋은 일이 생길 것이다."

"당신을 만나는 사람들이 행복했으면 좋겠다!"

이런 말을 하는 사람도 좋고 듣는 사람도 좋다. 우리는 행복한 만남 속에 멋진 인생을 살아야 한다.

만나면 좋고

함께 있으면 더 좋고

떠나가면 그리운 사람이 되자

만남

기다릴 줄 아는
인내심을 가져라

♣

겨울나무를 보며 기다림의 아름다움을 배운다. 나무는 한겨울 매서운 찬 바람이 불어와도 끄덕하지 않고 제자리를 지키고 서 있다. 눈보라가 몰아치고 손발이 시려도 모든 손을 하늘로 뻗치고 모든 발을 추운 땅속에 묻고 무엇을 기다릴까? 봄이다. 봄을 기다리는 것이다. 꽃이 피고 나뭇잎이 새롭게 돋아나는 봄. 그 찬란한 봄을 알기에 나무는 한겨울 추위도 아랑곳하지 않고 굳건히 견딘다. 나무는 꽃들의 잔치가 시작되는 것을 알기에 환호할 날을 기다리며 길고 긴 시련과 고통을 견딘다.

인내는 괴로움이나 어려움을 견디는 것을 말한다. 새

로운 기회가 찾아오면 자신의 모든 것을 던져 새로운 힘으로 뛰어드는 것이다. 뛰는 가슴으로 열광하며 이루어 낸다면 못 할 일이 없다. 좋은 결과를 얻으려면 오랜 시간이 걸린다. '참을 인' 자 세 번이면 죽음도 면한다는 말은 의미심장하다. 그만큼 삶에서 인내하는 마음이 매우 중요하다.

누구에게나 행운이 찾아온다. 열심히 일하면 일할수록 더 많은 행운이 찾아온다. 성공은 하루아침에 이루어지는 것이 아니다. 우리에게 맡겨진 일에 최선을 다하며 기다려야 한다. 씨앗이 나무가 되어 열매를 기다리는 것처럼 성공도 마찬가지다. 인내하고 기다릴 줄 아는 사람이 성공한다. 가슴을 옥 죄는 일이 닥쳐도 시간이 흐르면 언제 그랬냐는 듯이 사라지고 마는 법이다. 모든 성공은 인내 속에서 이루어진다.

인내는 모든 덕 중에서 아름답고 귀하고 훌륭한 것이다. 모든 일은 끈기 있게 기다리는 자에게 찾아온다. 끈질긴 인내보다 훌륭한 것은 없다. 시간과 인내 속에 단련되면 원하는 결과를 얻을 수 있다. 인내는 마음을 움직인다.

성공은 하루아침에 이루어지지 않는다. 우리에게 맡겨진 일에 최선을 다하며 기다리는 것이다. 씨앗이 나무가 되어 열매를 맺을 때까지 기다림처럼 성공도 마찬가지다. 기다릴 줄 아는 인내를 가진 사람이 성공한다.

성공하는 삶을 위해서는 마음속에 열화 같은 소원을 가지고 인내심을 품어야 한다. 성공의 문에 들어서기까지는 길고 어두운 밤을 지내야만 한다. 그 어두운 밤을 무사히 견뎌 낸 사람만이 성공의 아침에 도달할 것이다.

우리의 삶이란 계속 선택하며 결단하는 과정을 치른다. 선택과 결단의 긴장 관계 속에서 살아가는 것이다. 하나를 선택하기 위하여 다른 것을 포기해야 할 줄도 알아야 한다. 선택을 제대로 하지 못하면 문제가 생긴다. 우리는 우리의 삶을 책임지며 살아가야 한다.

무지 무지하게 쓸쓸한 날
마음에 고독의 먹구름이 끼고
외로움의 세찬 비가 내린다

전화벨도 하루 종일 울리지 않고
문자 하나 오지 않고
찾아오는 사람도 없다

오랜 기다림에 지쳐
사랑의 독이 온몸에 퍼져
그리움이 고개를 내밀고 쑥쑥 자란다

잊어버리기 싫어 더디게 지우다가
먼지 가득 낀 기억에
잊을 수 없는 그리움이
니의 얼굴을 그려 놓는다

무지 무지하게 쓸쓸한 날
외로움이 가슴에 물씬 배어 있을 때
반가운 사람이 불쑥 나타나면
얼른 달려가 만나고 싶을 정도로
무척이나 반가울 것이다

무지 무지하게 쓸쓸한 날

잘못했을 때
멋지게 사과하라

실수하거나 잘못했을 때 사과하는 일은 용기가 있어야 한다. 잘못했을 때 멋지게 사과하면 삶이 달라진다. 평생을 살면서 우리는 생각했던 것보다 수많은 사과를 하고 사과를 받는다. 실수하거나 잘못했을 때 사과하는 것은 지극히 당연하다. 복잡한 인간관계 속에서 신경을 쓰며 살아가는 탓에 우리는 심한 스트레스를 받는다.

사람과 사람 사이에 부딪히는 일이 많아졌고 갖가지 사건과 일로 사과할 일이 생긴다. 잘못을 사과하는 것은 자기 모습이 초라해 보이고 자기를 낮추는 것처럼 느껴져 누구나 먼저 사과하는 일을 선뜻 행하지 못한다.

진심으로 사과하기는 어렵다. '나에게만 책임이 있는 것도 아닌데~'라고 생각하거나 자존심이 허락하지 않는 여러 가지 이유가 있겠지만 머리 숙이며 사과하는 일을 좋아하는 사람은 없다. 잘못했을 때 멋지게 사과하는 것이 좋다. 그러면 상처가 난 마음도 행복할 수 있다.

싸워도 자신이 잘못했다는 생각이 들지 않으면 사과하지 않는다. 그러나 어느 쪽이든 먼저 굽히지 않으면 험악한 상태는 계속된다. 계속해서 서로 좋은 관계를 맺고 싶다면 내가 먼저 사과해야 한다. 사과하면 도리어 편안함과 행복이 찾아온다.

상대방의 작은 실수에 화를 내는 것도 일종의 스트레스 해소라고 생각하는 사람이 있다. 그것은 잘못된 행동이다. 우리가 잘못했을 때 용기 있게 사과함으로써 다른 사람을 이해하고 용서를 받음으로써 마음도 편안해진다.

머리를 숙인다고 해서 사과하는 것은 아니다. 상대의 마음에 담긴 응어리를 풀어 주고 전보다 더 큰 신뢰를 얻는 것이 진실한 사과라고 할 수 있다. 사랑과 평화를 실천하는 사람은 남을 비난하지 않는다. 네가 먼저 사과하면 나도 사과하겠다는 옹졸한 말도 하지 않는다. 왜냐하면 평화는 언제나 나로부터 시작되기 때문이다.

누구나 자신이 중요한 존재인 것을 다른 사람에게 인정받고 싶어 한다. 실수나 잘못의 원인이 자신에게 있든지 다른 사람에게 있든지 깨끗하게 먼저 사과한다면 상대방의 마음도 받아들일 자세가 되어 있어서 용서할 마음이 생긴다.

원한을 품지 말라. 대단한 것이 아니라면 정정당당하게 자기가 먼저 사과하라. 미소를 지으며 악수를 청하면서 일체를 흘려버리고자 하는 사람이 큰 인물이다. 사과를 받음으로써 자신이 상대에게 얼마나 중요한 존재인가를 확인할 수 있게 되었기 때문이다. 이렇게 되면 사과를 한 사람도 나는 깨끗이 사과할 용기를 가졌다는 생각에 만족감이 생겨난다.

우리가 솔직하게 사과하고 나면 정신적 피로와 죄책감, 자기방어를 하기 위해 펼쳐 놓았던 긴장감에 마음이 편안해진다. 자기가 잘못했을 때 사과를 잘하는 사람은 결단력이 있는 사람이다.

이 험한 세상 살면서
상처 하나 없이 사는 사람 있을까

살펴보면 모두가 상처투성이다
살다 보면 이런 일 저런 일
몸과 마음에 상처가 생기기 마련이다

노골적인 심한 말 한마디가 상처가 되고
거슬리는 행동 하나 독한 눈빛 하나가
마음의 상처에 녹초가 될 때도 있다

마음의 상처는 눈시울 붉히는
아주 작은 상처로부터 닦달하다
헤어 나오기 힘든 큰 상처까지
수많은 갖가지 상처가 있다

상처는 마음을 풀어 나을 수 있는 상처가 있고
약과 수술로 치유될 수 있는 상처가 있고
상처를 뇌까리다 더 큰 상처를 만들어
치유될 수 없는 상처도 있다

마음의 상처를 서로 주고받지 않는다면
단출하게 참 좋은 사이가 될 것이다

마음의 상처

지난 일에
얽매이지 마라

우리는 이제까지 살아오면서 온갖 일들에 둘러싸여 왔다. 또 어머니와 아버지, 그동안 우리에게 도움을 준 모든 사람, 넓게는 우리가 알고 지낸 모든 사람과 더불어 살아가고 있다.

지금까지 많은 경험을 하며 오늘에 이르렀다. 우리가 겪어온 지난 과거가 미래를 결정지을 어떤 것도 아니다. 다만 과거의 경험을 바탕삼아 도전하는 미래를 꿈꿔 볼 수 있지만, 지난 일은 지난 일이다. 지금 현재가 중요하고 미래를 향하는 도전은 지금 시작되는 것일 뿐이다.

지난 일보다 더 중요한 것은 그것을 대하는 우리의 태

도이다. 바꿔 말하면 어떻게 지난 일들을 정리하느냐가 중요하다.

많은 사람이 지난 일에 얽매여 살아간다. 상담하다 보면 칠팔십 대 혹은 구십 대가 될 때까지 유년기의 정신적 충격에서 헤어나지 못하는 사람들이 있다.

우리는 나이를 먹어가면서 과거의 희생자가 될 것인가. 아니면 과거를 딛고 일어설 것인가 둘 중 하나를 선택할 수 있다.

우리에게 일어난 좋지 않은 일들을 극복하고 재기하는 법을 배울 수도 있다. 과거가 어떻든 간에 오늘은 어제와 다른 날이며 앞으로 나갈 기회다.

미래는 이떤 희망을 품느냐에 따라 확실하게 달라질 수 있다. 희망은 성공을 만들어 낸다. 행복은 결코 멀리 있는 것이 아니다. 희망의 바다를 향해 노를 저어갈 용기를 지니면 우리가 찾는 행복은 바로 거기서 시작한다.

밀란 쿤데라가 소설 <느림>에서 이렇게 말하고 있다.

"신의 창들을 관조하는 자는 전혀 따분하지 않다. 그는 행복하다."

미국의 유명한 적극적 사고 훈련 연구를 하는 지그 지글러가 뉴욕의 지하도를 막 들어서려 할 때였다. 한 거지가 연필을 팔고 있었다. 많은 사람이 흔히들 그러하듯이 그도 1달러를 주기만 하고 연필은 받지도 않고 바쁘게 발걸음을 재촉하여 가던 길을 걸었다.

얼마간 가다가 지그 지글러는 불현듯 방향을 돌이켜 그 거지에게로 다시 돌아왔다. 그리고는 '아까 1달러 드린 대가의 연필을 주십시오.'하고 말하자 그 거지는 당연하다는 듯이 연필을 내밀었다.

이때 지그 지글러는 '당신도 나와 같은 사업가요.'라는 말 한마디를 남기고 돌아왔다. 그 거지는 이 말 한마디에 자기의 자화상을 바꾸어 버렸다. 그는 후에 위대한 사업가가 되었다.

인생의 최고 날을 맞이하기 원한다면
꿈과 희망을 가슴에 품고
목표를 향하여 끊임없이 도전하고 전진하라

세상은 몹시 거칠고 모질고 험난하여
순간순간마다 쓰러지고 넘어지고 좌절할 때마다
중간에 포기하고 싶은 마음이 머리에 굴뚝 같아도
지나간 날이 만든 어리석은 생각과 비겁한 마음이다

인생의 최고 날을 원한다면
과거를 던져 버리고 미래를 만들어 가야 한다

"나는 할 수 있다! 나는 할 수 있다!"
수없이 외치며 앞으로 나가며
내 인생의 최고 날을 생각하고 행동하라

꿈만 같은 원하던 날이
바로 내 눈앞에 신나게 펼쳐지는 놀라운 기쁨의
내 인생 최고의 날이 올 것이다

내 인생 최고의 날 _중에서

마지막 끝까지
최선을 다하자

삶을 멋있게 살고 싶다면 최선을 다하라. 최선을 다하면 기분이 좋아지고 보람을 느낀다. 최선은 가장 뛰어난 것을 말한다. 최선을 다하면 언제나 좋은 결과와 보답이 찾아온다.

사람의 정신은 두 가지 면을 가지고 있다. 강한 추진력을 발휘할 힘과, 하고자 하는 일을 저지하려는 마음이다. 강한 추진력을 발휘할 때 최선을 다하게 되고 삶의 악순환을 멈추게 한다.

사람의 마음에는 항상 두 가지가 싸우고 대립한다. 강함과 약함, 대담함과 비겁함, 작은 것과 큰 것이 항상 다

투고 갈등을 불러일으킨다. 이 다툼에서 긍정적으로 이겨 내야 강하고 담대한 마음으로 마지막까지 최선을 다하여 유종의 미를 거둔다.

실패하는 사람은 쉽게 싫증을 내고 포기한다. 그러나 성공하는 사람은 인내하며 승부를 걸고 멋있게 끝을 맺는 다. 강한 자신감과 꾸준한 인내는 감탄할 만한 기적을 만 들어 놓는다. 언제나 최선을 다하는 마음으로 가슴속에 든든한 기반을 잡아두어야 한다. 힘든 일이 생겨나도 즐 거운 마음으로 이겨 내야 성공할 수 있다. 모든 일을 항상 좋은 쪽으로 생각하고 행동해야 한다.

땀 흘리며 일하는 사람들을 보면 아름답고 멋있게 보 인다. 끈기와 인내심이 있는 사람은 중간에 절대 포기하 지 않는다. 자기 일에 열심히 하는 사람처럼 매력 있는 사 람은 없다. 인생이란 운동 경기에서 우승하는 사람은 언 제나 최선을 다하는 사람이다. 중간에 포기하거나 요령을 피우면 우승할 수 없다.

시련이 찾아와 가망이 없다고 생각하면 공포가 밀려 오고 좌절에 빠진다. 삶이 혼란스러울 때도 당당하게 맞서야 한다. 노력하기 전에 포기하기엔 삶이 소중하다. 소심한 생각을 버리고 적극적으로 뛰어들어 도전해야 한다. 아픔과 시련을 과장해서 말하면 더 큰 불행이 찾아온다. 기회를 잡고 돌파구를 찾아내면 이겨 낼 수 있다.

나에게 주어진 길, 자기 일에 확신이 있는 사람은 일이 잘되고 잘 풀린다. 열린 마음으로, 폭 넓은 마음으로 살아야 한다. 낡은 건물도 고치면 새로운 건물이 된다. 낡아빠진 습관과 고정 관념을 다 뜯어고쳐서 마지막까지 최선을 다하자.

실패를 이겨 내는 사람이 실패의 공포에서 벗어날 수 있다. 성공만 생각하라. 마음속에 성공의 그림을 그려라. 온몸으로 성공을 느껴라.

다 되는 거야!
괜한 걱정만 하지 말고
쓸데없는 근심하지 말고
무의미한 고민하지 말고
뛰어들어 시작하면 되지 시작하는 거야

안 된다고 신세타령만 하고 헛된 생각만 하고
움직이지 않으면 허구한 날 그렇게
맨날 못난 그 타령으로 살아가는 거야

다 돼! 다 된다는 생각으로
첫걸음을 시작하여 꾸준히 나아가면
다 되는 정거장에 도착하는 거야

다 돼! 다 돼!
언제나 다 되는 놀라운 기쁨을 맛보고 살 거야

...

다 돼 _중에서

잊지 못할
아름다운 추억을 새겨라

추억은 마치 가을에 곱게 단풍이 들어 떨어져 쌓인 낙엽과 같다. 사람들이 가을을 좋아하는 이유는 봄과 여름에 초록을 자랑하던 나뭇잎들의 떨어지는 모습에서 자기의 인생을 떠올리기 때문이다. 어쩌면 자기 삶도 나이가 들수록 단풍처럼 아름답게 물들어 가고 싶기 때문이다.

추억은 자기가 살아온 시간을 마음에 쌓아놓은 아름다운 순간들이다. 지나온 세월 속에 돌아볼 추억이 많은 사람은 행복하다. '당신을 잊을 수 없어요!'라는 말은 '내 마음에 당신의 추억이 남아 있어요.'라는 말이다. 추억은 지난날을 돌이켜 생각하는 것이다. 누군가를 문득 떠올리고 싶을 때 만나고 싶은 좋은 사람이 되어야 한다.

나이가 들수록 아름다운 추억을 만들며 살아야 한다. 지나온 세월에 추억할 것이 없다면 헛되이 살아온 것이다. 추억할 일이 많은 삶이 행복하고 아름답다. 일 년 열두 달 속에 희망과 행복이 가득하게 열매를 맺어야 한다. 사는 동안에 언제나 기억해도 좋을 시간이 점점 더 많아져야 한다. 보람 있고 가치 있는 시간이 많아져야 한다.

우리의 삶은 그림판과 같다. 우리는 말로 행동으로 삶으로 그림을 그려간다. 그 그림을 엉망으로 그리는 사람도 있겠지만 최고의 명작으로 그리는 사람도 많다. 인생이라는 그림은 한순간에 그려지는 것이 아니라 평생에 걸쳐 조금씩 그려가는 것이다.

추억이라는 그림도 누구나 좋아하고 사랑하는 명작 중의 명작으로 남겨두어야 한다. 길가에 핀 이름 모를 꽃이 아름답게 느껴질 때, 하늘 위로 떠다니는 뭉게구름과 새털구름이 아름답게 보일 때 마음속 추억의 공간이 생긴다. 삶을 의미 있게 살아가면 외롭고 슬프지 않을 것이다.

차가운 겨울 아침에도, 창가에 쏟아지는 햇살 한 줌에

도 행복을 느낄 수 있다. 인생에서 추억의 시간이 많으면 많을수록 의미가 있고 값지게 살아왔다는 증거가 된다. 삶에서 가장 빛나는 시간은 추억 속에서도 빛난다. 삶은 즐겁고 명랑하고 쾌활함이 넘쳐야 한다. 날마다 기쁨을 찾고 웃음을 찾아내는 탐험가가 되어야 한다.

세월이 강물같이 흘러간 후에도 아무런 후회가 없도록 추억을 아름답게 만들어야 한다. 떠나는 길마다 소중한 추억을 행복의 발자국처럼 남겨야 한다. 인생이란 여행길의 다정한 동반자가 추억이다. 인생이란 낯선 곳에서 따뜻하고 정감 있게 추억을 만들며 살아야 한다.

꿈만 같은 날이
어느 날 갑자기 찾아온다면
심장이 터질 듯한
기쁨에 얼마나 신나고 좋을까

꿈꾸고, 상상하고
간절히 원하던 일들이
눈앞에 그림처럼 펼쳐진다면
살 재미가 톡톡 날 것 같다

아이마냥 좋아서 날뛰고
기뻐서 소리를 지르고
즐거워서 눈물이 펑펑 쏟아지고
미치도록 좋아할 것 같다

단 하루만이라도
꿈만 같은 날이
한순간에 찾아온다면
정말 아주 참 많이 좋겠다

꿈만 같은 날

세상아 내가 여기 있다 나를 써라

초판 1쇄 인쇄 2024년 4월 20일
초판 1쇄 발행 2024년 4월 25일

지은이	용혜원
펴낸이	이춘원
펴낸곳	책이있는마을
기 획	강영길
마케팅	강영길
편 집	이서정
본문디자인	이공커뮤니케이션즈
표지디자인	GRIM / dizein@hanmail.net

주 소	경기도 고양시 일산동구 무궁화로120번길 40-14 (정발산동)
전 화	(031) 911-8017
팩 스	(031) 911-8018
이메일	bookvillagekr@hanmail.net
등록일	1997년 12월 26일
등록번호	제10-1532호

ISBN 978-89-5639-353-7 (03320)

책값은 책표지 뒤에 있습니다.
이 책은 책이있는마을이 저작권자와의 계약에 따라 발행한 것이므로 저작권법에 따라
무단 전재와 복제를 금합니다.